珍藏本
纪念版

汉译世界学术名著丛书

游叙弗伦
苏格拉底的申辩
克力同

〔古希腊〕柏拉图 著

严群 译

商務印書館
The Commercial Press
SINCE 1897

2017年·北京

Ρλατων

ΕΥΘΥΦΡΩΝ

ΑΠΟΛΟΓΙΑ ΣΩΚΡΑΤΟΥΣ

ΚΡΙΤΩΝ

本书译文依据

英国娄卜经典丛书(Loeb Classical Library)希腊文英文

对照本《柏拉图集》(Plato)第一卷

EUTHYPHRO,APOLOGY,CRITO,PHAETO,PHAEDRUS

H. N. Fowler 译,1914 年,伦敦

苏格拉底头像

苏格拉底在狱中即将饮鸩时与朋友们谈哲学

汉译世界学术名著丛书
（120年纪念版·珍藏本）
出版说明

2017年2月11日，商务印书馆迎来120岁的生日。120年前，商务印书馆前贤怀揣文化救国的理想，抱持“昌明教育，开启民智”的使命，立足本土，放眼寰宇，以出版为津梁，沟通中西，为中国、为世界提供最富智慧的思想文化成果。无论世事白云苍狗，潮流左右激荡，甚至战火硝烟弥漫，始终践行学术报国之志，无改初心。

迻译世界各国学术名著，即其一端。早在20世纪初年便出版《原富》《天演论》等影响至今的代表性著作，1950年代后更致力于外国哲学和社会科学经典的译介，及至1980年代，辑为“汉译世界学术名著丛书”，汇涓为流，蔚为大观。丛书自1981年开始出版，历时三十余年，迄今已推出七百种，是我国现代出版史上规模最大、最为重要的学术翻译工程。

丛书所选之书，立场观点不囿于一派，学科领域不限于一门，皆为文明开启以来，各时代、各国家、各民族的思想与文化精粹，代表着人类已经到达过的精神境界。丛书系统译介世界学术经典，引领时代思想，为本土原创学术的发展提供丰富的文化滋养，为推动中国现代学术和现代化进程做出了突出的贡献。

为纪念商务印书馆成立120周年，我们整体推出“汉译世界学术名著丛书”120年纪念版的珍藏本，寄望既利于文化积累，又便于研读查考，同时向长期支持丛书出版的译者、编者和读者致以敬意。

两甲子后的今天，商务印书馆又站在了一个新的历史时间节点上。我们不仅要铭记先辈的身影和足迹，更须让我们的步伐充满新的时代精神。这是商务人代代相传的事业，更是与国家和民族的命运始终紧密相连的事业。我们责无旁贷，必须做好我们这代人的传承与创造，让我们的努力和成果不仅凝聚成民族文化的记忆，还能成为后来人可以接续的事业。唯此，才能不负前贤，无愧来者。

商务印书馆编辑部

2017年10月

目　　录

游叙弗伦

译　者　序

此篇译文覆校脱稿，距拙译柏拉图的《泰阿泰德》与《智术之师》合册出版已足足十五年了。这十五年的光阴于忧患困顿中虚度了，私心窃感可惜，学术界抱同感者恐尚有人在。“悟已往之不谏，知来者之可追”；人虽老而心不老，在国家、民族的光明前途上，在朋友与科研、出版机构的鼓舞、鞭策下，拟将劫余的柏氏对话录旧译稿陆续覆校、整理出来，求教于读者。拙译《泰阿泰德》与《智术之师》合册之译者序末句有云：“平生素抱尽译柏氏全书之志，假我十年，容以时日，庶几有以成斯举。”如今十五年过去了，我已七十三岁了，此志不渝，犹盼假我十年至十五年，黾勉从事；斯愿能遂与否，则非我个人精神上的意志所能决定。

春夏之交，商务印书馆二位编辑先生南来，枉过寒斋，面谈出版事宜，曾允立即动手整理旧稿，不料二位刚刚北返，我的旧疾前列腺增生和肠胃功能衰退加剧，新病腰椎增生、左下肢动脉僵化又起，腰痛腿酸，坐、起艰难，步履不便。故人马君时民介绍上海名医刘招金先生之高弟孙玉静女士以粒子点送疗法为我诊治，每周两次以业余时间携仪器就我医疗。女士不惮烦劳，风雨无阻，炎天弗辍，于兹两月有余，诸症或痊愈、或大瘥，始能伏案攒故纸。马君与孙女士高谊隆情极为可感，理合在此一申谢意。目前，我的健康情况大见好转，已与孙女士商妥，秋凉后以此疗法为我医治历时三十年的冠状动脉硬化性心脏病。此症若祛，则上文所重申的志愿也许能达得到。

本篇，我原认为未成熟的旧译之稿，未敢率尔问世，蒙朋友与科研、出版机构的督促，乃覆校娄卜经典丛书（Loeb Classical Library）《柏拉图集》（PLATO）的希腊原文，并参校其对照之 H. N. Fowler 的英文译文，以及补翁丛书（Bohn's library）柏拉图集之 H. Cary 和牛津大学教授周厄提（B. Jowett）的柏拉图对话之英文译文。还有其他零星的权威英文译本，以及拉丁文译本、法文译本，一则因逼仄之居无专用的书房，所需书籍别庋他处者不能取来利用，再则为时间与精力所限；而前一原因是主要障碍，这可有什么办法呢？!

本篇依《泰阿泰德》与《智术之师》两篇合册的拙译旧例，把周厄提译文之前的“分析”转译作“提要”，本篇译文之后原有“译后话”，似乎尚非赘疣，亦留之。

本篇旧译稿覆校了希腊原文，没有发现有关系的谬误，旧译稿字句删繁以求简洁；原文之意却无遗漏。以中文译西文，最忌带“西文气”，拙译中文极力避免“西文气”，使不识西文者能读得懂。

言、文合一毕竟是空想。言语见诸笔墨，不可能一如口语，必须适当剪裁，加以提炼。文明各国语文莫不如此。我国白话运动之初，有人提出“降低文言、提高白话”的方案。我当时虽在童年，窃认为有见识的方案，嗣后做白话每本此方案秉笔。海内名公或有规其文言气息过浓者，请即以此方案奉答雅意，且亦以此自白。平生素不相信习惯不能改，尤不赞成不必改之说。譬如，鄙人四十年每天吸烟两包四十支的习惯不为不久，烟瘾不为不深，一闻四凶伏罪，当天戒去，为振作精神除害。

我国学术界习用之希腊人名、地名，率从现代欧洲字翻音；溯其源流，则由希腊字一转而为拉丁字，二转而为现代欧洲字，再翻为汉字，其音去希腊字原音颇远，似宜重行厘定；沿用已久者如非逼不得已，何尝不可改正？此虽细节，于译事无关宏旨，然学问之道，无论巨细，总以求真求确为贵，不宜苟且因循。

至于名词的一般译法，其欠妥者尤宜改正。例如《智术之师》的篇名，希腊原文为 σοφιστής，一般译为“智者”，按字面是对的；然而以译此篇这名，却欠妥，因其不合苏格拉底与柏拉图师弟之意。σοφιστής 一词，他们二人以前，无胜义亦无劣义。到了苏、柏二氏，此辞便含劣义。当时自命博学多智、称师收费授徒者，苏氏鄙之恶之，他认为这流人好辩、强词夺理。苏氏深有感于“人之患在好为人师”，痛恨收费授徒以知识为交易。他自认不学无术，与人交谈用启发方式，“只开风气不为师”：分析问题，划清概念及其类、别，为概念立定界说，这些是他首先开的风气，本篇对这些方面起示范作用。庄子天下篇批评各家各派学说，每以“古之道术有在于是者”发其端，往后便多贬抑之语。σοφιστής 一词，拙译为“智术之师”窃拟天下篇之“道术”的用法，以示苏氏鄙夷所谓“智者”之以“智术”妄居师席以牟利。

翻译乃为不识原文者效劳。柏拉图的著作，识其古希腊原文者诚少；现代欧洲文的译本则颇多，佳者亦不少。古希腊文为印度欧洲语系的老祖宗，与梵文相伯仲。以现代欧洲文译柏氏书，较易、较切；通现代欧洲文者，如以英文或德、法文译本读本读柏氏书，则无须假途于中文译本。吾国能以古希腊原文校中文译本者为数不多，能以现代欧洲文——尤其是英文——译本校中文译本者，则比比皆是，若徒以现代欧洲文译本校中文译本，见其在字面上吻合，便以为可取，而不识西文者读之，或感晦涩费解，甚至成了“天书”。这没有其他原因，逐字逐句紧依原文次序，只求机械地忠实于原文字句，不顾或不晓中西文之不同的习惯、风格罢了。

周厄提之英文译本，文笔最为流利通达（英语谓之 readable），就是因为此公深晓、善用英文与古希腊文之不同的习惯、风格为译。以其译文校古希腊原文，便见此公并不斤斤于字比句次，且有时略有增减，而意义却不背原文。这是他的译才之高明处。鄙人以中文译柏氏著作希腊原文，字句之间的意义谨防遗漏，一一交待清楚，亦复力求流利畅达，免使不识西文的同行读者感晦涩费解，或竟成了“天书”。这是简陋译书的标准。然而凡事言易行难，此标准果然达到与否，鄙人不自知，也不敢绝对保证。但无论如何，总是向此标准努力。

一九七九年七月十一日午夜
挥汗写于武林道古桥畔
杭州大学逼仄之居

《游叙弗伦》提要

此篇描写游叙弗伦和苏格拉底相遇于王宫前廊，二人各有法 2
律事务在身。苏格拉底是个被告，迈雷托士告他慢神。（此处附带
指出，他本人不像会告人的。）游叙弗伦的是个杀人案的原告，告自 4
己的父亲。此案的起因如下：一个仆人在纳克索斯杀死另一家奴。
游叙弗伦的父亲命将凶手缚住，投入沟中，使人去雅典请示神的意
旨应如何处置此凶手，使者未及返而凶手已死于冻饿。

这是游叙弗伦控告他父亲的缘起。苏格拉底相信，他负起控
诉的责任之前，一定已经完全了然于敬神与慢神的性质；自己正要
受审讯慢神的罪，莫如向游叙弗伦学，什么是敬神、什么是慢 5
神，——游叙弗伦将被人人、包括审判官在内，认为无可非议
的权威。

游叙弗伦，知识横胸，甚愿负起一切责任，他答道：敬神是如我所为，告发自己的父亲，如果他犯杀人罪；正如神之所为，——如楚士之库漏诺士，库漏诺士之于欧阑诺士。

苏格拉底不喜欢这些神话故事，他猜想，即此是他被告慢神的 6
原因。“这些故事确实是真的吗？”“是的”；游叙弗伦愿意再讲一
些，而苏格拉底先要得个较为满意的答案，关于“什么是敬神的问
题”；“如我所为控告父亲杀人”，这是敬神的单一事例，不能当做一

个概括的界说。

7 游叙弗伦答称,“敬神是神之所喜,慢神是神之所不喜。”不是
可能有见解之不同?人与人之间有不同的见解,神与神之间不是
也有吗?尤其是关于善与恶,没有固定的尺度;正是此类分歧引起
8 纷争。因此,一神之所喜于另一神未必然,同一行为可能又敬神又
慢神;例如,你讼父的行为可能是楚士之所喜,因他曾讼其父,却不
同样为库漏诺士或欧兰诺士之所喜,因其曾遭逆子之祸。

游叙弗伦覆称,杀人之应抵罪,不论神或人,都无异议。苏格
9 拉底答曰,对,如果确知其人是凶犯;可是你从假设论点出发。如
果此案的原委面面研究周密,你能指出你父确犯杀人之罪,或者所
有的神一致同意对他的控告吗?你是否必须承认,一神之所恶可
能是另一神之所喜?既驳此议,苏格拉底建议修正这个界说;凡神
之所共喜者是敬神,所共恶者是慢神。对此,游叙弗伦赞同。

10 苏格拉底进而分析这个新型的界说。他指出,有时行为在状
态之先。例如被携、见爱等等行为在被携、见爱等等状态之先;与
此相似,神之所以喜因其先见喜于神而成为神之所喜,不因其为神
之所喜而后见喜于神。可是,敬神因其是敬神乃为神之所喜,这等
11 于说,因其对神是可喜的乃见喜于神。这里便出现一个矛盾,——
游叙弗伦对敬神只是提到了其属性或偶性,未曾指出其本质。游
叙弗伦自己承认,他对敬神的解说显得离题或兜圈子,如苏格拉底
的祖先戴达洛士所制能转动的人像,——戴氏将其术传
之子孙。

12 苏格拉底想激励游叙弗伦之惰弱的智力,用另一方式提出问
题:“敬神是否全都公正?”“是。”“公正是否全都敬神?”“不是。”“然

则公正哪一部分是敬神?”游叙弗伦答称,敬神是公正之事神的部
分,有另一部分的公正是伺候人。事神的意义是什么?事或伺字
应用于犬、马和人,含有使之受益而变好之义。然则敬神的行为如 13
何裨益于神而使之变好?游叙弗伦解释他所谓敬神行为是服役或
奉事的行为。对。然而农人、医生和营造师的服役各有目的。服
役于神为何目的,助神成就什么?游叙弗伦说,所有这些困难问题
不能在短时间内解决;他宁可简单地说,敬神是懂得如何以言语、
行为,即祈祷和献祭,去讨好神。换句话,苏格拉底说,敬神是一门
求与供的学问,——求己之所无,供神之所需,简单说,是人与神之 15
间的交易。神是赐神者,人以什么好处报答他们?不,人尊崇神,
荣耀归于神。那么,人所供于神无利,只是讨好神或为神所喜;这 16
是已被驳过的。

苏格拉底虽为游叙弗伦的遁词所苦,却坚信不疑地以为他必然明了敬神的性质,否则绝不至于讼其老父。苏氏仍然希望他不吝垂教,游叙弗伦却匆匆然不能逗留。苏格拉底最后的希望在受审慢神之前获悉敬神的性质便落得一场空。

游叙弗伦——论虔敬

人物:游叙弗伦

苏格拉底

地点:王宫前廊

2* 〔一〕游　什么新奇的事发生了,苏格拉底?你竟然离开了消磨光阴的绿概安**,此刻逗留在王宫前廊。你不至于像我这样,在御前打官司。

苏　我的官司,雅典人不叫做控告,叫做公诉。

B 游　你说什么?仿佛有人对你提出公诉;我不信你会对人提出。

苏　当然不会。

游　别人对你?

苏　正是了。

游　他是谁?

---

* 1578年法国古典学者埃蒂安纳(拉丁名:斯特方)所编《柏拉图全集》(三卷)第一卷的页码和栏次(〔A〕BCDE)。

** 古希腊雅典东郊外游技所,与阿波罗(太阳神)庙为邻,故命此名。

苏　我不甚了解这人，他似乎是个年少无闻的。我知道他名叫迈雷托士[①]，辟赛阿区人。你或许记得辟赛阿有个长发、寡须、钩鼻子的迈雷托士。 2

游　我不记得，苏格拉底。他对你提出了什么公诉？ C

苏　什么公诉？据我看非同小可；那么年轻的人注意到了这么重大的事，这非同小可啊。他说他知道青年如何学坏，谁引诱他们学坏。他显得有学识，发觉了我不学无术、引诱与他同年辈的人学坏，就向国家告发，如同小儿遇事诉之于母。我看，他是政治人物中唯一知本识路的人。知本识路，是首先注意青年，使他们尽量学好，如农人首先培植秧苗，然后及于其他。正如迈雷托士自己所 D
说，他恰是首先肃清贻害青青秧苗成长的障碍物；然后转移注意及 3
于较老的人。他将是国家最大最多的造福者，这是与他那样好的开端相连的良效。

〔二〕游　但愿他能如此，苏格拉底；恐怕会来个反面。真的，据我看，他诬告你，是动摇国本，是祸国的开端。告诉我，他说你做什么诱惑青年。

苏　我的朋友！耸人听闻的事。他说我是神的创造者；因我 B
创立新神，不信旧神，他说为了维护旧神而提出公诉。

游　我了解了，苏格拉底；因为你说神时常降临告诫于你，他便指控你革新神道，到法庭诬告你一番，他晓得这一类诬告易入大

① 控诉苏格拉底的三人之一。已见《泰阿泰德》，彼处译为“买类托士”兹改正。他是古希腊悲剧诗人。

C 众之耳。我呢，当我在公庭上说些有关于神的话，或预言未来的
3 事，他们便讥笑我，说我发疯了。我所预言无不真实，可是他们对
你我这类人一概忌妒。我们不必烦恼，要勇猛直前和他们决战。

〔三〕苏　亲爱的游叙弗伦啊，讥笑不起作用。我想，雅典人若是以
为某人徒怀智术，不以智术教人，他们并不在意；如果发现某人以
其智术启发他人，便怒不可遏，——或者，如你所说，由于忌妒，或
D 者出于其他原因。

游　关于此等事，他们如何对待我，我不热衷于察究。

苏　或许你显得谨言慎行，不愿以己之智术授人。至于我，恐
怕因我居心仁慈，他们以为我慨然尽其所有以予人，非但不受报
酬，而且欣然自出代价以招徕听者。如果他们像笑你那样笑我，在
E 庭上只是戏弄嘲笑，那也没有什么难过的。如果他们认真起来，除
非你未卜先知，此案伊于胡底莫能测也。

游　苏格拉底，这场官司或许无碍，你能得到如意的收场，我想我自己的也会同样称心。

〔四〕苏　你的是什么官司，游叙弗伦？辩诉呢，还是起诉？

游　起诉。

苏　对谁？

游　告那个人，我似乎发疯了。

苏　什么？你告一个有翅能飞的吗？

游　他老态龙钟了，还说什么能飞。

苏　他是谁？

游　我的父亲。

苏　你的父亲？你这个好家伙！

游　的确是他。

苏　什么案件？

游　杀人案，苏格拉底。

苏　海辣克类士[1]！确实大多数人不知义理何在；我想此事
常人不能做得恰如其分，唯有大智高识的人才能。 B

游　真要大智慧的人，苏格拉底。

苏　被你父亲杀的是你家的一位亲戚吧？一定是的，否则你不会为一个非亲非戚者告发你父亲杀人。

游　可笑，苏格拉底，你也以为被杀者有亲戚与非亲戚的区
别，却不想唯一需要厝意的是杀人正当与否；正当，便听之，不正
当，虽一家人也要告发。明知某人犯罪而与之共处，不去告发以涤 C
除自己和那人的罪愆，便与他同罪。被杀者是我家的雇佣，我们在
纳克索斯耕种时，他在那里为我们做工。这人喝醉了酒，和我们的
一个家奴冲突，盛怒之下把他杀死。我父亲缚其手足，投入沟中， 4
同时差人去雅典请教神巫如何处置此人。差人去后，他不曾注意 D
沟里缚着的人，以为既是一个杀人凶犯，死了也不在乎。可不是
吗，他果然死了；又饿，又冻，又在缧绁之中，使者未及返，便已呜呼
哀哉了。现在我父亲和一家人都怨我，因我为杀人凶手告发父亲
杀人。他们说我父未尝杀他，就是杀了，他本是杀人凶犯，我也不 E
应为这种人管闲事，况且为子讼父杀人是慢神的事。苏格拉底，关

① 古希腊神话故事之最著名的英雄。

于敬与慢，他们茫然于神的意旨之所在。

苏　藉帝士的名义说，游叙弗伦，你是否自以为关于神的意旨和敬神与慢神的知识正确到，事实如你所口述，竟然胆敢告你父杀人，不怕自己做了慢神的事？

游　那我便成了无用的人，苏格拉底；对所有这类事若无正确的知识，游叙弗伦便无以异于众人了。

〔五〕苏　可敬的游叙弗伦啊，最好是我当你的学生，和迈雷托士辩诉以前，先向他声明，我一向认为关于神的知识非常重要，现在他说我贸然犯了革新神道的大罪，因此我当了你的学生。对他说道：“迈雷托士啊，如果你承认游叙弗伦关于这类事的知识，那么也要
B 承认我是对的，不要抓我去受审；如果你不承认他的知识，那么告他这个为师者引诱老人，引诱我和自己的父亲，——他是我师，教我即诱我；讼父是惩其恂愁受诱。”他若不听我的话，撤销对我的公诉而转移对你，我在法庭上也要提出同样的话。

游　藉帝士的名义说，苏格拉底，如果他措手对我提出公诉，
C 我想我一定能抓着他的弱点，法庭上对他的争论要比对我的多得多。

苏　至于我，好朋友，因看准了这一点，愿当你的学生；我晓得迈雷托士和任何他人对你似乎全不注意，而对我却敏感易觉如明察秋毫，所以诉我慢神。现在，藉帝士的名义，请告诉我你方才自
D 命有真知灼见的事。你说敬神与慢神的性质如何，无论就杀人一端或其他的事而论？是否就所有的事说，虔敬之为虔敬皆同；亵慢是否所有虔敬的反面，其性质是否无不一致，是否凡亵慢者都有固

定的特性？

游　完全一致，苏格拉底。

〔六〕苏　那么请告诉我，你说虔敬是什么，亵慢是什么。

游　我说虔敬就是做我方才所做的事；凡有罪，或杀人，或盗
窃神器，或做其他坏事，不论是父母或任何人，都要告发，否则便是 E
亵慢。你瞧，苏格拉底，我给你一个多么确凿的证据，如我曾给过
别人，证明神规确是如此：凡慢神者，无论什么人，都不能免于惩
罚，这是公平正当的，大家承认帝士*是神之至圣最公者，相信他
因其父噬子而缚父，其父也以类似的原因肢解乃父。我父为非作 6
恶，我告发，他们却恼我。他们对神和对我如此相反。

苏　可不是吗，游叙弗伦，我可不是因此被告的，因有人讲这
类神话时，我便感厌烦，难于接受？显然因此，有人说我大错特错。B
现在，在这方面如你之博学，也认为这些故事可信，我不得不让步
了。我既自认在这方面毫无所知，还有什么可说的？藉着司友谊
之神帝士的名义，请你告诉我，你真信有这些事吗？

游　真有，苏格拉底，还有更新奇的，多数人不知道的呢。

苏　那么，你相信神与神之间结怨相仇，甚至交战，以及许多
其他类似故事，如诗人之所叙、大画家在庙宇中之所绘，尤其是护 C
国女神的大节日中陈列在都府卫城以供神的绣袍上绣满了这类故
事？这些故事是真的吗，游叙弗伦？

---

* 古希腊神话宗教之最大的神，即楚士(Zeus)。其父名库漏诺士(Κρόνος)，其祖父名欧兰诺士，见下文注。

游　不只这些，苏格拉底，如我方才所曾说，你若愿听，我能对你讲许多关于神的故事，相信你听了会惊讶。

〔七〕苏　我不会惊讶，他日得暇时再讲给我听。此刻详细答复我
D 方才的问题。朋友，方才我请教虔敬是什么，你还没有充分指教
我，只告诉我你现在讼父杀人的事是虔敬的。

6 游　我说得对，苏格拉底。

苏　也许对。但是，游叙弗伦，你还可以说许多其他的事是虔敬的。

游　可不是。

苏　请注意，我不是要求你从许多实例中指出一件两件虔敬
的事，而是虔敬的本质，一切虔敬的事之所以为虔敬的特性本身。
E 你曾说过，所有虔敬的事之所以为虔敬，亵慢的事之所以为亵慢，
都是由于它们有一个共同的概念。你记得吗？

游　记得。

苏　那么请指教我，这个概念是什么？你目不转瞬而拳拳服膺的模范，无论是自己或他人的行为，凡合乎此者便是虔敬，不合者便不是虔敬的模范是什么？

游　你要我这样说明，我就照办。

苏　我要你这样说明。

7 游　神之所喜者是虔敬，所不喜者是不虔敬。

苏　好极了，游叙弗伦，现在你可按我的要求答了我的问题，至于答的对不对，尚未能分晓；所答之真实无妄，你当然还会见教。

游　当然。

〔八〕苏　来，检查此刻的话。凡人与物神所喜者是虔敬，神所恶者是亵慢。虔敬与亵慢非但不相同，而且最相反。难道不然？ 7

游　确是如此。

苏　这显得对吧？

游　我想是对的，苏格拉底。 B

苏　游叙弗伦，不是据说，神与神会意见分歧，交恶相争吗？

游　据说如此。

苏　关于什么东西的不同意见能使他们交恶相仇？我们且如此考察：你我关于两数之孰大孰小若有不同意见，会不会交恶相仇，或者诉诸算术，便立即解纷？ C

游　当然诉之算术。

苏　对于一物之大小长短的不同意见，是否用尺一量，便能立即停止意见分歧？

游　是的。

苏　用秤能确定轻重，是不是？

游　可不是？

苏　关于什么事的意见分歧，我们无法达成一致，而且必定交恶相仇？也许你不能随口提出答案，让我试提以供研讨。那不是关于是非、善恶、贵贱的问题吗？岂不是在这些问题上，人与人之 D
间意见分歧，交恶、纷争，莫衷一是？无论你我或其他人莫不如此吧？

游　是的，苏格拉底，这些问题确是意见分歧之所在。

苏　神呢，游叙弗伦？他们若有意见分歧，是否在这些问 7
题上？

游　必然的。

E 苏　那么，高贵的游叙弗伦啊，按你的话，不同的神对于是与
非、善与恶、贵与贱，有不同的意见。他们如果对这些事没有意见分歧，便不至于彼此相争。是吗？

游　你说得对。

苏　那么，神皆好其所谓是者、善者、贵者，而恶其相反者。

游　当然。

苏　据你说，同一事物，此神以为是，彼神以为非；因为他们对
8 这些事物有意见分歧，彼此才相争交战。岂不是这样吗？

游　是这样。

苏　那么，似乎同一事物为神所恶，亦为神所好，对神又可好又可恶。

游　似乎如此。

苏　按这么说，游叙弗伦，同一事物又虔敬而亵慢。

游　我想是如此。

〔九〕苏　可敬的朋友，你并没有答复我的问题。我不是问，什么是
B 同时又虔敬又亵慢；然而却像是，神之所好亦是神之所恶。并且，
8 游叙弗伦，你讼父杀人，难怪此举一方面见悦于帝士，另一方面却
见恶于库漏诺士*和欧兰诺士，为赫费斯托士所喜，却为哈拉**所

---

* 据古希腊诗人赫细欧德的神话诗，欧兰诺士（Οὐρανός）、库漏诺士（Κρόνος）、帝士（Δίς）是三世的父、子、孙。

** 古希腊神话司火与金属工艺之神。其父为帝士，母乃哈拉，哈拉为司妇女与婚姻之神。

恶。其他诸神对同此一案，也是各有不同的意见。

游　但是我想，苏格拉底，诸神对此案不至于有意见分歧，不会有主张杀人不必抵罪的。

苏　好了，游叙弗伦，以人论，你曾听说，杀人或做其他错事不 C
必抵罪、受罚吗？

游　啊，他们对这一点到处争辩不休，尤其是在法庭上。他们作恶万端，却尽其能事辩护，以逃避刑罚。

苏　是的，游叙弗伦，他们是否承认做错了事，而硬说不必处罚？

游　不，他们并不这样。

苏　那么他们还是有所不为，有所不说。我想他们不敢说，不
敢强辩，做错了事不必处罚，只说自己没有做错事。对不对？ D

游　你说的对。

苏　那么，有罪应当处罚，这一点他们并不争辩，他们大概争辩这几点：谁犯罪，所犯何罪，何时犯罪。

游　你说的对。

苏　那么如你的说法，神与神之间关于是与非问题有争辩，情
形岂不也是如此，有的说其他做错事，有的说没有做？我相信，无 8
论是神是人，没有敢板着脸说犯罪不必处罚的。 E

游　对，苏格拉底，你说的基本上是实情。

苏　可是我想，游叙弗伦，凡有所争执者，不论是人是神，如果神真有争执，都是关于个别的事。他们对某事有不同意见，有的主张此事做得对，有的认为此事做得不对。是否如此？

游　当然是。

9 〔十〕苏　来，亲爱的游叙弗伦，现在请指教我，使我益智。你有什么证据，关于一个雇佣成了杀人凶手，被死者的家主所缚，家主未得神巫批示应如何处置此人之前，此人死于缧绁之中，死后家主之子为死者告发己父杀人，——关于此事，你如何证明诸神一致认为此人死得冤枉，为子者为这样一个人告发己父杀人，这做得对？
B 来，请明白指教我，诸神确实一致承认你这举动正当；你指教若能使我满意，我要终身赞美你的大智慧。

游　我能极其明白地指示你；苏格拉底，这可不是一件小事呢。

苏　我了解，你以为我比审判官们笨，难教得懂。可是你总要向他们明白指出，杀人的行为有罪，是全体的神所恶的。

9 游　很对，苏格拉底，他们如肯听，我要讲明白。

C 〔十一〕苏　他们一定肯听，如果你显露你的口才。你正说着，我想起了，并自言自语地说："即使游叙弗伦明白指教我，诸神一致认为那人死于非命是冤枉的，究竟关于虔敬是什么、亵慢是什么，这些问题我从游叙弗伦那里学到了什么？此事就算是神之所恶，虔敬与不虔敬的界说仍然不能由此而成立，因为神所恶者也就是神所
D 好者。"游叙弗伦，我让你放弃这一点；依你的心愿吧，就说神一致认为此事是犯罪而痛恶之。现在我们来修改界说，可否说：神一致所恶者是亵慢，一致所好者是虔敬，有好有恶者都不是或两是。现在你接受关于虔敬与亵慢的这个界说吗？

游　有什么障碍不能接受，苏格拉底？

苏　在我没有障碍，游叙弗伦，你可要自己想想，采用这个界说是否最易于指教我你所应允的？

游　好了，我承认神一致所好者是虔敬，反过来，神一致所恶 E
者是亵慢。

苏　游叙弗伦，我们要不要再考察这句话是否对，或者只是接受？无论我们自己的话或他人的话，只要有人说的与我们的相合，就完全接受？或者凡所说的话都必须考察一番？

游　必须考察，可是我想此刻说的对。

〔十二〕苏　对不对，我们就会晓得更清楚。现在只考虑这一点：虔敬是否因其为虔敬而见喜于神，或者因其见喜于神而为虔敬？

游　我不懂得你的意思，苏格拉底。

苏　我要设法说清楚些。我们说携与被携、引与被引、见与被见。你知道这两种说法彼此有区别，并且区别何在吗？

游　我想我知道。

苏　那么，见喜者与喜者有别，二者是两回事吧？

游　怎么不是两回事？

苏　请告诉我，被携者是否因有携之者而为被携者，或是别因 B
他故？

游　不因他故，乃因被携之故。

苏　被引者因有引之者而为被引者；被见者因有见之者而为被见者？

游　当然。

苏　那么，被见之物不因其为被见之物而有见之者，反过来，却因有见之者而为被见之物；被引之物不因其为被引之物而有引之者，却因有引之者而为被引之物；被携之物不因其为被携之物而

C 有携之者，却因有携之者而为被携之物。我所要说的说得明白了吧，游叙弗伦？我要说的是：成为或遭受者不因其为成为者而成为，乃因其成为而为成为者，不因其为遭受者而遭受，却因其遭受而为遭受者。你同意吗？

游　我同意。

苏　见好之物或是成为或是遭受吧？

游　当然是。

苏　那么是否如上述的情形，也是不因其见好而有好之者，却因有好之者而见好？

游　必然如此。

D 苏　那么，关于虔敬，我们怎么说，游叙弗伦？按你的话，虔敬不是神一致所喜的事物吗？

游　是的。

苏　因其为虔敬，或因其他缘故？

游　不因其他缘故，因此缘故。

苏　因其为虔敬而为神所喜，不因其为神所喜而为虔敬？

游　似乎如此。

苏　可是神所喜者却因见喜于神而为神所喜者。

游　可不是？

苏　那么，游叙弗伦，据你说，神之所喜不是虔敬，虔敬不是神之所喜，二者彼此各不相等。

E 游　为什么，苏格拉底？

苏　因为我们同意，虔敬因其为虔敬而为神所喜，不因其为神所喜而为虔敬。是否如此？

游　我们曾同意是如此。 10

〔十三〕苏　但是，我们也同意，神所喜者因其见喜于神而为神之所喜者，不因其为神之所喜者而见喜于神。

游　你说得对。

苏　但是，可爱的游叙弗伦，虔敬若与神所喜者相等，那么，虔
敬若因其虔敬而为神所喜，神所喜者必也因其为神所喜而见喜于 11
神；神所喜者若因其见喜于神而成神所喜者，虔敬必也因其见喜于神而成虔敬。现在你看，情形恰是相反，虔敬（ὅσιου）和神所喜者（θεοφιλές）完全是两回事，因为，一个因其见喜而成所喜，一个因其是所喜而乃见喜。所以，游叙弗伦，问你虔敬是什么，你似乎不愿
给我指明虔敬的本质，只举其所遇的一事：为神所喜；至于虔敬究 B
竟是什么，你还没有说到。你如有兴，不要对我隐瞒，请再从头讲起，虔敬是什么，不问其是否为神所喜、或别有所遇，这问题我们没有什么争辩的。切实说，虔敬是什么、亵慢是什么。

游　但是，苏格拉底，我不知道怎样对你说明我所想的，我们提出的话总是会旋转，游移不守其本位。

苏　你的话，游叙弗伦，像我的祖先戴达洛士*的作品；若是
我说的，你也许会笑我，因我与他有血统关系，我言语上的作品也 C
是游移不定的。现在这些话出于你口，需要另给你一种讽刺啊！ 11
你自己也觉得，你的话游移不定。

游　喂，苏格拉底，我觉得这讽刺对你的话恰当；我并没有让

* 古希腊极精巧的艺人，始创圆圈歌舞队。此人见于荷马诗歌。

D 我的话游移不定，你毕竟对我显得是个戴达洛士，在我这方面，我的话固定不移。

苏　朋友，我显得在技术上比戴达洛士还巧；他只能使自己的作品活动，我却不但能使自己的作品活动，也能使他人的作品活动。我的技术还有最妙的一手，就是，我有违心之智，我宁愿自己的话稳
E 定，不愿有戴达洛士之智、唐他洛士之富*。闲话说够了。我觉得你已倦勤了，我与你联步并进，使你知道如何指教我关于虔敬的问题，不至于中途而废。请注意，你是否以为凡虔敬必然都是正当的？

游　我是这样想。

12 苏　然而凡正当的是否都是虔敬的？或者凡虔敬的都是正当的，凡正当的却不都是虔敬的，——有的是虔敬的，有的是其他？

游　我跟不上你的话，苏格拉底。

苏　你智过于我正如你年轻于我，可是，我说，你因多智而倦勤。努力一点吧，载福的朋友。我的意思并不难懂呀。我的意思
B 正和那诗人相反，他唱道："造物楚士，民莫敢名，即已畏斯，辄以敬斯。"我不赞同那诗人的话。要我说明如何不赞同吗？

游　要的要的。

苏　我不以为有畏就有敬。许多人畏病、畏贫、畏许多其他类似的东西，他们的确畏了，却对所畏的绝不起敬。你不以为然吗？

游　当然如此。

苏　可是，有敬就有畏；持敬、知耻而有所不为的人可不是常

* 古希腊神话中多财之王。为帝士之子，贬下界投之湖，渴欲饮，则水忽退，饥欲摘近悬头上之果以食，则果上升。

存畏心，畏坏名誉？ C
　　游　是的，持敬者常存畏心。
　　苏　那么，有畏就有敬，这句话不对。有敬就有畏，有畏未必
就有敬。我想是因为畏范围比敬广，敬是畏的一部分；正如奇数是
数的一部分，不能说有数就是有奇数，有奇数却就是有数。你现在
跟得上我的话吧？
　　游　完全跟得上。
　　苏　我以前问你，正当的是否都是虔敬的，或者虔敬的都是正 D
当的；或者正当的不一定都是虔敬的，因为虔敬的只是正当的一部
分。我以前问的和方才问的是同一类的问题。你赞同吗，或是别
有高见？
　　游　我无异议，我想你说的对。

〔十四〕苏　且看后文。虔敬若是正当的一部分，显然我们必须求
出它是正当的哪一部分。你若问偶数是数的哪一部分、是哪一种
数，我就说，“是以二可分得断的，不是以二分不断的；”你赞同吗？ 12
　　游　我赞同。
　　苏　请你设法指教我，虔敬是正当的哪一部分，使我好叫迈雷 E
托士不要再冤枉我，公诉我慢神，我已饱受你的指教，知道了什么
是虔敬、什么不是。
　　游　据我看，苏格拉底，正当的事之事神的部分是虔敬，其余
部分是对人的。

〔十五〕苏　我想你说的对，游叙弗伦；还有一小点我要弄明白：我

13 不了解你所谓“事”是什么意思。我想你不会把事神和服事其他并为一谈。譬如说，不是人人懂得如何服事马，唯有知马的人懂得；对不对？

游　完全对。

苏　那么，知马之术就是识马之术？

游　是的。

苏　同样，不是人人懂得服事犬，唯有猎人？

游　这也是如此。

苏　那么，猎人之术就是事犬之术？

B 游　是的。

苏　牧人之术就是服事牛羊之术？

游　当然。

苏　同样，虔敬是事神之术；这是你的意思吗？游叙弗伦？

13 游　是的。

苏　凡服事是否都要达到同一目的？就是，服事的用意在于使被服事者得到好处；例如马，受马夫服事而得益，情况变好了。你想是否这样？

游　我想是这样。

C 苏　犬受猎人服事，牛受牧人服事，各得共益。你想，凡照管或服事的用意在于为害吗？

游　不，藉着帝士的名义说，我不这么想。

苏　那么，用意在于使所服事者受益？

游　可不是。

苏　按这么说，虔敬既是事神之术。是否有益于神，使神处境更好。当你行一敬神的事，你是否有认为使某位神的处境更好？

游　不，藉着帝士的名义说。

苏　我也不以为你是这样想，游叙弗伦，差得远呢。我问你所谓“事神”何义，就是因为不认为你是这样想。D

游　你想的对，苏格拉底，我的意思并非如此。

苏　好了，对神的何种服事是虔敬？

游　是奴仆对主人的那种服事，苏格拉底。

苏　我懂得，似乎是指对神的侍应。

游　正是了。

〔十六〕苏　你能说明医生之所侍应能致何果？不是健康吗？13

游　是的。

苏　造船师之操术能致何果？E

游　当然是致造船之果，苏格拉底。

苏　同样，建筑师之术致造屋之果？

游　是的。

苏　最高明的朋友，请告诉我，事神之术有何成就？你当然知道，因为你曾说你是圆颅方趾中最娴于神道的人。

游　我说的是实话，苏格拉底。

苏　藉着帝士的名义告诉我，神以我们为奴仆，成就什么尽美尽善的事业？

游　他们成就了许多好事，苏格拉底。

苏　朋友，将军也是如此。你不难举其首要的成就，就是，打胜仗。是不是？14

游　当然是。

苏　我想农夫也成就了许多好事，同样，举其首要的，是从土地中生产粮食。

游　完全对。

苏　那么，神所成就的许多好事如何？神绩中首要的是什么？

B 游　苏格拉底，我片刻以前对你说，此等事要学得全而精，需
下一番艰巨长久的工夫。好吧，对你简单地说：在祈祷与献祭中，
14 知道说些做些神所喜者，这就是虔敬，就能公私并保，卫国卫家；与
此相反就是慢神，一切都要覆亡。

〔十七〕苏　你如情愿，游叙弗伦，尽可用较简的话答我的问题之首
要部分。但是显然你并不想指教我，刚要入题，你又转移方向。你
C 如答复了我的问题，我早已从你这里充分学到了关于虔敬的性质。
没法子，问者必须跟随答者，任从他指引；我只好重新问起：你说虔
敬是什么？你不是说虔敬是祭与祈的知识吗？

游　是的。

D 苏　祭是送礼给神，祈是有所乞于神？

游　丝毫不差，苏格拉底。

苏　那么，按此说，虔敬是对神乞和予的知识。

游　你完全了解我的话，苏格拉底。

苏　朋友，我是你的智慧的敬爱者，十分用心，使你的话不至于坠地无俚。请告诉我，这种对神的服事是什么？你不是说是对他们的乞和予吗？

游　我是这么说。

〔十八〕苏　乞的正道是否乞己之所需？

游　此外还有什么正道？

苏　同样，予的正道也是应受者之所需？以其所不需的予受 E
者是无谓的。 14

游　你说的对，苏格拉底。

苏　那么，游叙弗伦，虔敬成了神与人互相交易的技术？

游　是交易的技术，如果你喜欢用此名词。

苏　我并不喜欢用这名词，如果这不是实情。请告诉我，神何
所得益于我们的礼物？神所给的尽人皆知，我们得到的好处无一 15
非神所给。可是他们所得益于我们的是什么？或者我们做交易尽
占便宜，尽管得神的好处，而他们毫无所得于我们？

游　苏格拉底，你想神能从所受于我们的礼物得到好处吗？

苏　我们送礼物到底于神何干？

游　除崇敬、赞美，如我以前所说，感恩，此外还有什么？

苏　那么，游叙弗伦，虔敬是对神感恩怀德，于神无利，亦无 B
可取？

游　我想这是最可贵的。

苏　那么，虔敬似乎又是神所视为珍贵者。

游　最确。

〔十九〕苏　如此说法，——你的话游移不定，还足以为奇而自感愕
然吗？还能责备我扮演戴达洛士的伎俩，使你的话旋转？其实你
自己比戴达洛士巧得多，尽使自己的话兜圈子。你不觉得我们的 15
话又绕到原处？你可记得，前一刻我们宣称，虔敬和神所喜者彼此 C

互异，不是一回事，你不记得吗？

游　我记得。

苏　你瞧，现在你不是说，神所视为珍贵者是虔敬？神所视为珍贵者岂不就是神所喜吗？

游　当然是。

苏　那么，不是我们以前的话错了，就是现在的话错了。

游　像是如此。

D 〔二十〕苏　我们必须从头研究虔敬是什么。学到之前，我不肯罢休。不要藐视我，现在请你费尽心机说出真理。我相信，如果世上有人明了这道理，那就是你，我绝不放松你，你说出真理以前，就像普娄提务士*，绝不能脱身。你对虔敬与亵慢如没有真知灼见，就
E 不至于为一个庸奴，控告老父杀人；会怕做错了冒犯神谴，无颜见人。我深知你自信对什么是虔敬与不虔敬有真知灼见；最亲爱的游叙弗伦啊，请说吧，不要隐瞒自己的知见了。

游　且待来日吧，我此刻匆遽有所趋，就要离开了。

苏　怎么一回事，朋友？你就这样丢开我，飘然而去了，我抱
15 着大希望，想从你学懂什么是虔敬不虔敬，好对迈雷托士说明，关
16 于神道，经过游叙弗伦指授，我已明白了，不会像以前那样愚昧，信口开河，鲁莽行事，今日起重新做人，再也不犯改革神道之过，可以撤销对我的公诉。然而你走了，我的希望全空了！

* 古希腊神话中变化自在之海神。

译 后 话

这个对话是柏拉图最早的作品之一。其时代背景是苏格拉底被告。有人把此篇和苏格拉底的申辩(The Apology of Socrates)、克力同(Crito)、弗爱冬(Phaedo)等三篇合成一卷,言曰苏格拉底的审判与处刑(The Trial and Death of Socrates)。

游叙弗伦是人名。他是宗教家和预言家(Soothsayer),自信极深,自负关于宗教的知识比任何人都丰富,自居与当时一般社会处反抗地位。他对苏格拉底表同情,自命和苏格拉底同是新人物。

当时苏格拉底被人控告慢神和诱惑青年,他上法庭准备受审,恰巧在走廊上遇见游叙弗伦。彼此各言来意以后,游氏表示自己关于敬神和慢神的知识十分有把握。苏格拉底想向他讨教,请他说明虔敬与亵慢的性质如何,二者究竟是什么;他说,自己想得游氏指教,以便和原告辩驳。此篇对话的缘起如此。

游氏毫不迟疑地答道,“虔敬就是做我此刻所做的事,不虔敬就是不做我此刻所做的事。”苏氏对此答案表示不满。他说问的是虔敬是什么,要的是虔敬的界说,并不要求列举一两件虔敬的实例。

游氏进一步说,虔敬是神所喜欢的事或物,不虔敬是神所不喜欢的事或物。对此界说,苏氏指出神与神之间有意见分歧,一件事也许见喜于一神,而见恶于另一神;于是神喜与不喜的话不能成为界说。苏氏协助游氏修改此界说，从而变成凡神一致所喜者是虔敬，一致所恶者是亵慢。但苏氏又说，神喜与不喜，这些都是虔敬与不虔敬的赋性，并非其本质，所要的是其本质，构成其界说的基本元素。

游氏再进一步说，虔敬是正当的事之一部分。苏氏也进一步问，虔敬是正当的事的哪一部分？游氏说，正当的事有对人者与对神者，对神者谓之"事神"，虔敬就是这一部分。经此一番补充，虔敬的定义变成：正当的事之事神的部分是虔敬。

苏氏再分析"事"的概念："事"字有二义，换句话说，服事有两种，一种是以下事上，一种是以上事下，在上者有所施于在下者，在下者受惠于在上者，如马夫之于马，牧人之于牛羊。人之事神当然不是这种服事，是以下事上的服事，按游氏的话，是奴仆对主人的那种服事。

奴仆服事主人，是替主人做事，换句话说，以下事上的服事，是在下者当在上者的工具，替他成就某种事功。以人有神，为神做了什么事，成就了什么事功？苏氏此问，游氏不能答，却另转方向，说，虔敬是祈祷和献祭的知识。

苏氏再就祈祷和献祭二事加以分析，祈祷无非向神要东西，献祭无非把东西送给神；那么这方面的知识成了取和予的知识，彻底说，成了人与神交易的知识。这话对不对是另一问题，总是从游氏的前言推出的结论。

一提交易，便知是双方的事。我们和神交易，从神所得的好处不胜枚举；神和我们交易，从我们得到什么好处？游氏说没有的，我们如此渺小，能有好处给神吗？神那样伟大，还需要我们给的好处吗？我们给神的只是于神无补的崇敬、赞美、感谢……而已。

崇敬、赞美……等等，虽然于神无补，却是神所视为珍贵的，游氏这样声明。按方才的问答，虔敬的界说，由神所喜者转为正当的事之事神的部分，再由此转为祈祷与献祭的知识，再由此变成人与神的交易，再由此转为人对神的崇敬、赞美……，再由此变成神所视为珍贵者。神所视为珍贵者和神所喜者岂不是一回事？前面已推翻以虔敬为神所喜者之界说，现在却又回到原议。苏氏藉此对游氏开玩笑，向他回敬一炮，说他的话才是游移不定，回旋不休。苏氏仍然孜孜不倦，想再往下讨论，游氏却脱身走了。

本篇大意即如上所述，读者不难见其题材（Subject matter）所在，其题材在于虔敬与不虔敬的问题。此问题并没有讨论出结论；读者不必因此而失望，本篇的价值不在于此问题本身所讨论的结果，倒在于讨论此问题所指示的用思和立言的方法，读者应当由此着眼。

用思方面所指示的方法就是所谓的辩证法，教人怎样分析问题，如何由大问题中找小问题，再由小问题中找更小的问题，如剥笋皮，一层一层地剥，以达到最里的笋尖。至于立言方面所指示的方法，第一步，告诉人一两个实例不足以成界说；第二步，指出界说的性质如何；第三步教人如何下界说，——怎样用辩证法求一物的本质，即基本元素，以构成一物的界说。

以上阐明的是柏氏在本篇文字上所要达的目的，也可以说是本篇的贡献，——他的目的确实达到，达到了便是他在思想上的贡献。此外，本篇还有言外的用意，这和本篇的时代背景有关。前面说过，本篇的背景是苏格拉底被告，被告的罪状之一是慢神。柏氏在本篇中，特意隐隐约约地描写当时所谓宗教家对敬神和慢神的问题多么隔膜，这方面的知识多么简陋，藉此反映当时希腊的一般社会，以见得雅典人控告苏氏，甚至判他死刑，都是无理性的举动。

此外还有四点，值得读者注意。四点之中，两点关于伦理学，两点关于方法论（名学或逻辑）。

关于伦理学方面的：（一）苏氏曾提出："虔敬是否因其为虔敬而见喜于神，或者因其见喜于神而为虔敬？"这问题成了后世伦理学的一个大问题。这问题的涵义（implication）引起了道德的价值问题，或道德上行为的标准问题。到底道德本身有其内在的（intrinsic）价值，或者其价值是由外面加上去（imposed from outside）的？到底道德上的行为有天然的标准，或者其标准是人定的？用浅近的话说，譬如一个人做了一件正当的事，是否此事本身就是正当的，或者因为人家都说此事正当，都要他这样做，此事才成为正当的？（二）苏氏把虔敬认为正当的事之一部分，所涵意义很重要，就是，把宗教置于伦理的基础上。这可算是苏氏对当时希腊宗教（神话宗教）的一个大革命。

关于名学或逻辑方面的：（一）苏氏指出凡虔敬的都是正当的，却不能转过来说，凡正当的都是虔敬的。此处他所阐明的是名学上的全称正词（universal affirmative proposition）不得随便换位（conversion）的公例。若用画圈法说明，表示虔敬的小圈在表示正当的大圈之内，所以能说凡虔敬的都是正当的；可是不能反过来说凡正当的都是虔敬的，因为表示正当的圈子不在表示虔敬的圈子之内。（二）同时苏氏还说，敬是畏的一部分，奇数是数的一部分。此即后来亚里士多德所谓"别"和"类"的关系，畏与数是类，敬与奇数是别，不过当时还没有这两个名词。

苏格拉底的申辩

《苏格拉底的申辩》提要

《申辩》或《柏拉图为苏格拉底的辩护》分为三部分：第一，真正所谓辩护；第二，关于减轻刑罚较短的陈辞；第三，最后之预言性的责备与忠告。

第一部分，首先声明：用世俗谈话口吻，不加修饰；一向敌视修 17
辞，不懂修辞，只知事实真相；不以辞令掩盖自己的性格。然后把
原告们分成两批。第一批是无名氏的——大众意见。世人从早年 18
起就听说他是诱惑青年的，都看过阿里司徒放内士的喜剧《云》对他的嘲弄。第二批是公开的，他们只是前一批的代言人。两批所告发的可以概括如下：第一批说，苏格拉底是作恶和好奇的人，追求地以下、天以上的东西；强词夺理、颠倒是非，并以此传授他人。第二批说，苏格拉底是作恶和蛊惑青年的人，不信国教的神，引进新神，后一批的话是实际公诉中的话。前一批的话，大众意见的概括，也成了同样的法律程式。

答辩从澄清混乱的误会下手。喜剧家的表演、大众的意见，都 19
把他混同于自然界学问之师和智者们。这是错误的。……他不是这两类人之一。对自然哲学，他毫无所知；并非藐视这种探讨，事实是对这种探讨完全外行，在这方面从来不曾发过一句言论。另一误会是，他传授学问取酬；他没有东西可传授。他称赞叶卫偌士

20 能以五个命那的廉价传授道德。这里，潜滋着麻醉群众听闻之嘲
谑的惯技。

他进而说明得此恶名的原因。恶名起于他承担了一个特派的
21 使命。虔敬的海勒丰曾到带勒弗伊去求谶，问：可有人智过于苏格
拉底？谶语答曰：无也。这究竟什么意思，无所知而仅知其无所知
者会被谶语宣称为最智的人？凝想着谶语，他下决心去寻智过于
22 己者以反驳之。他先访政客，再访诗家，再访艺人，恒得同样结果：
他们或是无所知，或是所知莫能过于他自己；他们在某些方面的小
优点远被其自负抵消干净。他无所知，而自知其无所知；他们无所
23 知或所知者微，却幻想无所不知。如此，他一生承担着侦察人间伪
装智慧的使命；这个职业吸引着他，使他脱离了公、私事务。富裕
的青年以此为消遣，有趣的消遣。于是结了不共戴天之仇；知识的
业师对他报复，丑诋他为蛊惑青年的恶棍，并重复陈套的谰言，如
智者、无神论者、唯物主义者，——对所有哲学家莫须有的现成的
24 讼词。

对付第二批原告，他质问在场的迈雷托士：“他若是蛊惑青年
者，那么谁是使青年进德修业的人？”“随地人人都是。”这是多么谬
妄，这和事例的比拟多么不相容！他既不得不与国人相处，却使国
人变成坏人，这也是多么不可想象的。这必然不是有意的；无意
26 的，就只能受迈雷托士指教，不得被控于法庭。

公诉状另有一部分说他教人不承认国家崇奉的神，而别奉新神。这是否他被认为蛊惑青年之处？“是啊”，他只是崇奉新神，或是不信有神？“不信有神。”“什么，甚至不信日和月是神吗？”“可不，他说日是一块石，月是一团土。”苏格拉底答道，那是由来已久

的与安那克萨哥拉士混为一谈。雅典人不至于无知到，把窜入舞
台上戏剧中的想象情节滥归于苏格拉底的影响。苏格拉底着手指 27
出，迈雷托士不合理地在诉状的这个部分造成一谜：“无神，而苏格
拉底相信有神的子嗣，这是荒谬的。”

既质问了迈雷托士够多的话，撇开他，回到原始的控诉。可以
问，他为什么要坚持会送命的职业？为什么？因为他必须坚守神
所指定的岗位，正如他曾坚守统帅所指定在波剔泰阿、安弗亦波力 29
斯、戴里恶斯等战场的岗位。此外，他并不过分聪明到能猜想死的
境界是好或是坏；但他确信失职是坏事。安匿托士说得对：他们若 30
有放过他的意思，就不会控诉他。因为，他必定服从神而不服从
人，他要对千秋万代的人宣传道德和修身的必要，对不听从者他要
坚持劝告并责备他们。这是他蛊惑青年的方式，他不会停止服从
神的旨意，即使千割万剐等待他。

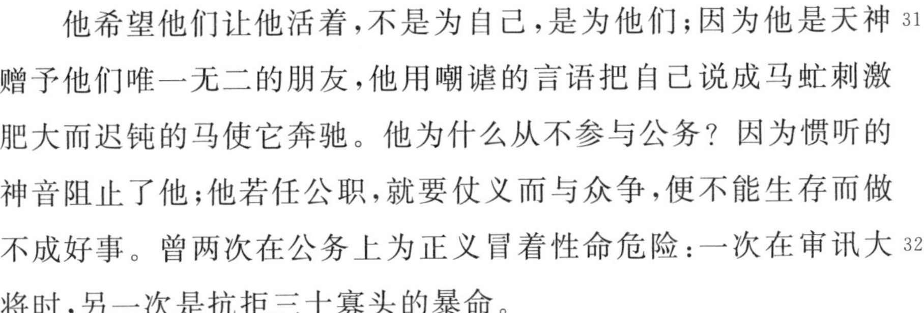

他希望他们让他活着，不是为自己，是为他们；因为他是天神 31
赠予他们唯一无二的朋友，他用嘲谑的言语把自己说成马虻刺激
肥大而迟钝的马使它奔驰。他为什么从不参与公务？因为惯听的
神音阻止了他；他若任公职，就要仗义而与众争，便不能生存而做
不成好事。曾两次在公务上为正义冒着性命危险：一次在审讯大 32
将时，另一次是抗拒三十寡头的暴命。

他虽然不任公职，却消磨岁月于不取酬地教导邦人，这是他的
使命。他的弟子变好变坏，没有理由他负责，因他向不应允传授任
何东西。他们愿来便来，不来也罢；他们毕竟来了，因爱看伪装有 33
智慧者被揭穿而以此取乐。他们若是被蛊惑了，本人不出面，其长
辈尽可来法庭作证，此刻还有机会呢。可是，他们的父、兄都在法 34

庭(包括在座的柏拉图),却为他作证;他们的子弟被蛊惑,他们本人没有被蛊惑吧,而他们倒是我的证人。这是因为他们确知我是说真话,迈雷托士是扯谎。

他需要说的几尽于此了。他不肯恳求审判官保全性命,也不
35 肯摆出哭哭啼啼的儿女的可怜相,虽然他并不是铁石心肠。某些审判官对类似的案情或曾允许这样做法,他相信不至于因不如此行事而引起他们发怒。可是,他觉得这种行动有损雅典的名誉:他也晓得审判官曾发誓必须公正;他被控慢神的罪,不能求审判官背誓而自陷于慢神之罪。

如他所预料,或是所情愿,他被判定有罪。从此他的语气不但不较为妥协,调子却更多、更像居高临下了。安匿托士提议罚以死刑,他提什么惩罚以代死刑呢?他,雅典人民的恩人,耗其一生的
37 精力造福于邦人,最低应得欧令皮亚体育场上比赛得胜者的酬报,受赡养于普吕坦内安。他为什么要提任何代替的惩罚,既是不知安匿托士所提的死刑究竟是好是坏,而且确信坐牢是坏的、流亡是坏的。花钱却无妨,但他没有钱花。也许出得起一个命那,就认此
38 数吧;或者依朋友们的意愿,认三十命那,他们是极好的担保人。

〔**他被判死刑**〕

他已老了,剥夺他几年的寿命,雅典人毫无所得,唯有不光彩而已。或许他能避死,如果他肯屈膝乞命。但他对于自己申辩的态度毫不后悔;他宁愿按自己的方式而死,不愿按他们的方式而
39 生。不义的惩罚速于死亡,他不久要被处死,原告们的惩罚即将接踵而至。

如人之将死的惯例，他对他们做预言式的赠言。他们把他处死，以免自供其生平的劣迹。但是，他的死对来者撒下了种子，他的许多门徒，因年轻、激进，会逼着他们确实承认自己的罪恶，谴责他们更加严厉。

尚还有余晷，他也想对要赦免他的人说几句话。希望他们晓 40
得神的朕兆在他申辩的过程中从不加以干涉；他想不干涉的原因
在于死并非坏的境界。死或是长眠，或是到另一世界，亡过的灵魂
集聚的地方，那里能会见古英雄，那里也有公正的审判官；那里是
不朽不灭的境界，其中没有因持不同意见而被处死刑的恐怖。无
论生前死后，好人总不会遭祸；他的死是神之所许，因为脱离斯世
对他更好。所以他原谅他的审判官们，因为他们害不到他，虽然绝
不想做任何对他有利的事。

他对他们有个最后的要求：以他纠缠他们的办法纠缠他的儿 42
子们，如果儿子们重钱财过于品德，或者毫无出息而自以为有
出息。

苏格拉底的申辩

17〔一〕雅典人啊，你们如何受我的原告们影响，我不得而知；至于我，
也几乎自忘其为我，他们的话说得娓娓动听，只是没有一句真话。
他们许多假话中，最离奇的是警告你们要提防，免受我骗，因我是
B 个可怕的雄辩家。无耻之极！他们无耻，因为事实就要证明，我丝
毫不显得善辩，除非他们以说真话为善辩。他们若是以说真话为
善辩，我还自认是演说家——不是他们那种演说家。他们的话全
C 假，我说的句句是真；藉帝士的名义，雅典人啊，不像他们那样雕辞
琢句、修饰铺张，只是随想随说未经组织的话。自信我说的全是公
道话，你们不必多心，反求节外生枝之意；我这年纪的人绝不至于
像小孩那样说谎。可是，雅典人啊，恳切求你们，在我的申辩中，若
D 听到我平素在市场兑换摊旁或其他地方所惯用的言语，你们不要
见怪而阻止我。我活了七十岁，这是第一次上法庭，对此地的辞
令，我是个门外汉。我若真是一个外邦人，你们就会原谅我，准我
说自幼学会的乡腔；现在我也如此要求，似乎不过分：不论辞令之
18 优劣，只问话本身是否公正。这是审判官应有的品德，献辞者的本
分在于说实话。

18〔二〕第一步，雅典人啊，我应当先对第一批原告及其伪辞进行答

辩，然后再对第二批的。在你们以前，积年累岁，已有许多对我的 B
原告，说些毫无事实根据的假话。安匿托士等固然可怕，这批人更
可怕，我怕他们过于安匿托士等，雅典人啊，你们多数人自幼就受
他们影响，相信他们对我毫无事实的诬告。他们说：“有一个所谓
智者苏格拉底，凡天上地下的一切无不钻研，辩才且能强词夺理。”
雅典人啊，他们传播这种无稽之谈，他们是我凶恶的原告，因为听 C
其宣传者往往以为，钻研这类事物的人必也不信神。这批原告人
数既多，历时又久，他们早在你们幼年最易听信流言蜚语时向你们
注入这种诬告之辞，当时你们或是尚在孩提，或是方及童年。他们
单方挂了案，作为原告，从不到案，因为没有被告的另一造出来答 D
辩。最荒唐的是，他们的姓名不可得而知而指，只知其中有一个喜
剧作家。凡挟妒与包藏祸心向你们宣传的人，或本身受宣传再去
宣传，这些人最难对付。既不可能传他们到此地来对质，我又不得
不申辩，只是对影申辩，向无人处问话。请你们记住，如我所说，有 E
两批原告，一批最近的，一批久远的；再请你们了解，我必须先对第
一批答辩，因为他们先告我，并且远比第二批强有力。雅典人啊，19
我必须申辩，我必须设法以如此短暂的时间消除久据你们胸中的
诬告之辞。但愿这做得到，如果对你、我更有利；也希望我的申辩
能起更大作用。但我认为这是难的，我并不忽视事体之难易。没
有别的，听神的旨意吧，现在我必须依法申辩。 19

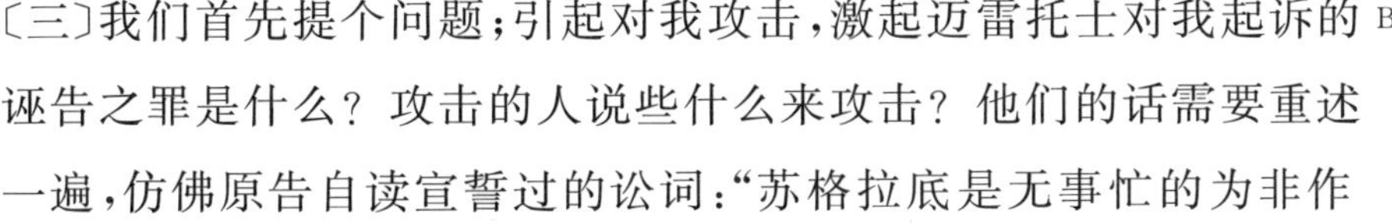

〔三〕我们首先提个问题；引起对我攻击，激起迈雷托士对我起诉的 B
诬告之罪是什么？攻击的人说些什么来攻击？他们的话需要重述
一遍，仿佛原告自读宣誓过的讼词：“苏格拉底是无事忙的为非作

C 恶的人，凡地下天上的一切无不钻研，能强词夺理，还把这些伎俩
传授他人。”诬告的罪状如此。你们已于阿里司徒放内士的喜剧中
见到一个苏格拉底，自命能排云乘雾，说些我毫不分晓的无稽之
谈。我说这话并不是轻蔑那种知识，如有人是那方面的智者；我只
是不甘心对迈雷托士诬告的如此大罪申辩，因为，我的雅典人啊，
D 我与那种知识毫无干系。请你们之中的多数人为我作证。在座听
我谈话的人很多，凡听过我谈话的人，我要求你们互相质问，究竟
曾听多少我关于这方面的言论。你们由此可知，众口纷纷关于我
的其他罪状大都是同此莫须有的。

E 〔四〕这些事无一真实；你们如果听说我教人，并且藉此得钱，这也
不是事实。若能教人，对我却是妙事。如赖安庭偌斯的郜吉亚士、
凯恶斯的普漏迪恪士、意类恶斯的希皮亚士，他们个个能周游各
城，说其青年之能无代价地随意与本城的人同群者，弃其群而追随
20 他们，送他们钱，而且感谢不尽。此地另有一位智者，是巴里安人，
听说他还在本城。我偶然遇到一位在智者们身上花钱比所有人都
多的，他是希朋匿苦士的公子卡利亚士。他有两个男儿，我问他：
“卡利亚士，你的二子若是驹或犊，你会为他们雇看管人，使他们各
B 尽其性，成有用之才；看管人不外一个马夫或牧人。然而你子是
人，你意中想为他们物色一位什么看管人？关于人的本分和公民
的天职，谁有这方面的知识？我想你留意物色，因你有二子。已物
色一位，或犹未也？”当然有了，他说。“你所物色的是谁，何地来
的，多少束修？”我这样问。他说：“从巴里安来的叶卫偌士，他要五
C 个命那。”叶卫偌士煞有福气，如果真有这种技术，真会教得好。我

若会这种技术，该多么自豪呢；可是我不会，雅典人啊。

〔五〕也许你们有人会问：“你怎么啦，苏格拉底？对你的诬告怎么
来的？你如没有哗众骇俗的言行，这类谣传断不至于无端而起。D
请你原原本本诉说一遍，免得我们对你下鲁莽的判断”。我认为提
出这个质问的人是说公道话，我要剖白我得此不虞之誉而致谤的
缘由。请听。或者有人以为我说笑话，请相信，我对你们全盘托出
事实。雅典人啊，我无非由于某种智慧而得此不虞之誉。何种智
慧？也许只不过人的智慧。或者我真有这种智慧，方才我所提的
那些人也许有过人的智慧。我不知道如何形容他们的智慧，因我 E
对那种智慧一窍不通。说我有那种智慧的人是说谎，是对我伪作 20
飞扬谤讪之语。雅典人啊，即使我对你们显得说大话，也不要高声
阻挠我；我说的不是自己的话，是引证你们认为有分量的言语。我
如果真有智慧，什么智慧、何种智慧，有带勒弗伊的神为证。你们
认识海勒丰吧，他是我的总角之交，也是你们多数党的同志，和你
们同被放逐、同回来的。你们了解他是何如人，对事何等激进热 21
诚。有一次他竟敢去带勒弗伊求谶；诸位，不要截断我的话；他问
神，有人智过于我者否？辟提亚的谶答曰“无也”。如今海勒丰已
故，他的令弟在此，能对你们作证。

〔六〕你们想，我为什么提起这话，因为要告诉你们，对我的谤讪何 B
从而起。我听了神的话，胸中怀此疑团：“神的话究竟何所指，他出
了何谜？我自信毫无智慧，他说我最有智慧，究竟何所云？按其本
性，神绝不会说谎。”神的话何所云，好久我的疑团不能解。后来用

很大气力去探讨他的真意。

C 我访了一位以智慧著称的人。想在彼处反驳神谶，复谶语曰：
“此人智过于我，你却说我最智慧”。我见了此人，——不必举其姓
名，他是一个政治人物，——我对他的印象如此：和他交谈以后，觉
得此人对他人，对许多人，尤其对自己，显得有智慧，可是不然。于
21 是我设法向他指出，他自以为智，其实不智。结果，我被他恨，被在
D 场的许多人恨。我离开后，自己盘算着：“我是智过此人，我与他同
是一无所知，可是他以不知为知，我以不知为不知。我想，就在这细
E 节上，我确实比他聪明：我不以所不知为知。”再访比他更以智慧著
称的人，也发现了同样情况。于是除他以外，我又结怨于许多人。

〔七〕此后，我一一去访，明知会结怨，满腔苦恼、恐惧，可是必须把
神的差事放在首要地位。为了探求神谶的真意，我必须出发去访
22 以智慧著称的人。指犬为誓，雅典人啊，我必须对你们说实话；确
实，我所得的经验如此：我秉神命出访时，发现名最高的人几乎最
缺乏智慧，其他名较低的人却较近于有学识。我要对你们叙述我
在出访中所做的苦工，以证明谶语之不可反驳。访政客们以后，访
B 了各体——咏史、颂神以及其他——的诗人，想在现场证明我比他
们不学无术。以其精心结构的作品质问他们其中的意义，本想同
时能得到一些指教。诸位，我感觉难为情对你们说实话，可又不得
不说。几乎所有在场的人讲他们的诗都比他们本人讲得好。因此
C 我发现，诗人做诗不是出于智慧，其作品成于天机之灵感，如神巫
和预言家之流常作机锋语而不自知其所云，我想诗人所感受亦复
如此。同时我发现，诗人们因其会做诗，其他方面便自以为智在人

人之上，成了出类拔萃人物，其实不然。我离开他们，心想，我超过
他们，正如我超过政客们。 22

〔八〕最后去访手工艺人。自知对这方面一无所知，也相信会发现 D
他们这方面的知识很丰富，确实我没有被欺，这方面我所不知的他
们尽知，在这方面，他们智过于我。可是，雅典人啊，好艺人竟和诗
人犯同样错误，因有一技之长，个个自以为一切都通，在其他绝大
事业并居上智。这种错见反而掩盖了他们固有的智慧。因此，关 E
于神的谶语，我扪心自问：保持自我的操守，不似彼辈之智，亦不似
彼辈之愚呢？或是效他们之亦智亦愚？最终我自答并答谶语：还
是保持故我好。

〔九〕由于这样的考察，雅典人啊，许多深仇劲敌指向我，对我散布 23
了许多诬蔑宣传，于是我冒了智者的不虞之誉。在场的人见我揭
穿了他人的愚昧，便以为他人所不知我知之；其实，诸君啊，唯有神
真有智慧。神的谶语是说，人的智慧渺小，不算什么；并不是说苏 B
格拉底最有智慧，不过藉我的名字，以我为例，提醒世人，仿佛是
说："世人啊，你们之中，唯有如苏格拉底这样的人最有智慧，因他
自知其智实在不算什么。"

甚至如今，我仍然遵循神的旨意，到处察访我所认为有智慧
的，不论邦人或异邦人；每见一人不智，便为神添个佐证，指出此人
不智。为了这宗事业，我不暇顾及国事、家事；因为神服务，我竟至 C
于一贫如洗。 23

〔十〕非但如此，有闲青年和富家子弟竟自动追随我。喜见许多人
被我考问，时常模仿我，也去考问人家，我想，他们也发现许多人自
D 以为智，其实寡智或不智。结果，被考问的人不恨他们，却埋怨我，
骂道："苏格拉底最可恶，他把青年引诱坏了。"若有人问："如何引
诱青年，做了什么，教了什么?"他们又说不出，他们茫然不知所以，
偏要装明白，便信口说些易于中伤所有爱智求知者的话，如"天上
地下无不钻研"啰、"不信神"、"强词夺理"等等。我认为，他们不愿
说实话，他们假装有智慧，其实一无所知，——这已成为最明显不
E 过的了。他们野心勃勃，既活跃，人数又多，异口同声协力攻击我，
你们两耳久已塞满了对我恶毒诬蔑之词。他们之中出来了迈雷托
士、安匿托士、吕康三个攻击我的人：迈雷托士为诗人们出气，安匿
24 托士为艺人和政客们复仇，吕康为说客们抱不平，我起先说过，我若
能在这样短时间内把你们之中如此根深蒂固的广泛的流言蜚语消
除干净，那才是奇怪呢。雅典人啊，这就是事实，无论大小巨细，一
一托出，对你们不欺不瞒。我知道很清楚，我以如此言语行为，结怨
于人；他们的怨是我说实话的证据，他们对我的诬告在此，恨我的原
B 因也在此。你们随时去考察，无论现在将来，都会发现同样事实。

24 〔十一〕关于第一批原告对我的诬告，我已向你们提出了充分的申
辩，再则，对自命爱国志士的迈雷托士和其他二人，我要继此而提
C 出申辩。这是另一批的原告，我们也要听其宣誓的讼词。他们的
讼词大致如此：苏格拉底犯罪，他蛊惑青年，不信国教，崇奉新神。
他们告发的罪状如此，我们逐一考察吧。他说我犯罪，蛊惑青年。
雅典人啊，我倒说迈雷托士犯罪，把儿戏当正经事，轻易驱人上法

庭，伪装关心向不注意的事。这是事实，我要向你们证明。

〔十二〕来，迈雷托士，请说，你是否认为使青年尽量学好是首要 D
的事？

“是的。”

现在请向在座指出谁使青年学好，显然你知道，因为你关心此事。据你说，你发现了蛊惑青年的人，把我带到在座面前控告我；来向在座说，谁使青年学好，指出他是什么人？瞧，迈雷托士，你倒不做声了，说不出什么了吗？这对你岂不丢脸，岂不是充分证明了我的话：你对此事毫不关心？我的好人，还是请你说吧；谁使青年学好？

“法律。”

这不是我所问的，最好的人；我问的是什么人，什么人首先懂 E
得这一行——法律。

“在座诸公——审判官。”

说什么，迈雷托士？他们能教诲青年，使青年学好？

“当然。” 24

“他们全会，或者也会有不会？全会。”

我的哈拉，世上有这许多有利于青年的人。听审的人呢，他们 25
也使青年学学好吗？

“他们也使青年学好。”

元老院的元老们如何？

“他们也同样使青年学好？”

那么，迈雷托士，议会议员蛊惑青年，或者他们全体使青年学好？

“他们也使青年学好。”

这么说，除了我，全雅典人都使青年学好，唯我一人蛊惑青年。你是这么说的吗？

“对了，我确是这么说的。”

你注定我的悲惨命运呀！我问你一句：关于马，你是否这么
B 想，举世的人对马都有益，唯有一人于马有损？或者相反，对马有益的只是一人或极少数人——马术师，而多数用马的人于马有损？不但马，所有其他畜生是否同此情况，迈雷托士？当然是，不管你和安匿托士承认与否。青年们福气真大，如果损他们的只有一人，
C 益他们的举世皆是！迈雷托士，你已充分表明对青年漠不关心，你显然大意，对所控告我的事，自己毫不分晓。

〔十三〕再则，迈雷托士，藉帝士的名义，请告诉我们，和好人在一起
25 好呢，同坏人在一起好？好朋友，请答复啊，我问的并不是难题。坏人是否总会随时为害于与之接近的人，好人是否总会随时使同群者受益？

“当然。”

D 有人情愿受害于同群者过于受益吗？答复吧，好人，法律要你答复啊。有人宁愿受害吗？

“当然没有。”

好了，你把我拖到此地，因我蛊惑青年、使之堕落。有意的或是无心的？

“我说有心的。”

什么，迈雷托士？你这年纪竟比我这年纪的人智慧得许多，晓
得坏人总是为害于与之接近的人，好人总是使同群者受益；而我竟 E
至于蠢到连这个道理都不明白，不知道把所接近的人引诱坏了，自
己也有受害的危险，反而如你所云，有意去引诱他们？这一点，我
不信你的，迈雷托士，我想世上没有人会信。那么，我或是没有蛊 26
惑青年，或是蛊惑出于无心；两方面你都是说谎。我若是无心地蛊
惑了青年，那么，法律不为无心的罪过拖人来此地，只是把犯者私
下告诫一番。显然，倘有人背地警告我，我会停止无心所做的事。
可是你躲避我，不肯和我交接教导我，偏要拖我到此地；法律只要
应当治罪的，不要应受告诫的人到此地。

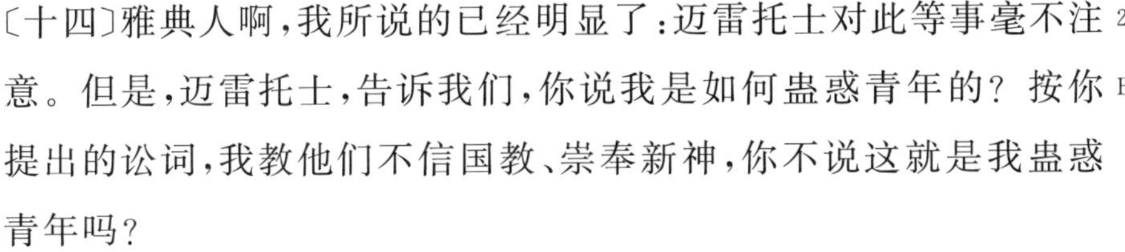

〔十四〕雅典人啊，我所说的已经明显了：迈雷托士对此等事毫不注 26
意。但是，迈雷托士，告诉我们，你说我是如何蛊惑青年的？按你 B
提出的讼词，我教他们不信国教、崇奉新神，你不说这就是我蛊惑
青年吗？

“这确是我所说的。”

现在，迈雷托士，为当前辩论所维护的神，请你对我和在座表 C
白更清楚些。我不能了解：到底你是说我主张有神，自己相信有
神，不是无神论者，在这一点上可告无罪；而所信是国教以外的神，
这一点是你所控告的，或者说我简直不信有神，并且宣传无神论？

“我说你简直不信有神。”

你吓我，迈雷托士；你这话哪里说起？我难道不信日、月是神， D
如他人所信？

“不，审判官，藉帝士的名义说，他不信，他说日是一块石，月是

一团土。”

亲爱的迈雷托士，你认识到你是控告安那克萨哥拉士吧？你如此藐视在座，认为他们不学到连克拉德衬门耐的安那克萨哥拉士的书充满着这一类的话也不知道？青年们难道需要跟我学这套
E 话，不会以至多一个都拉马的钱去看戏，听到同样的话，笑苏格拉底剽窃前人如此离奇的学说？藉帝士的名义说，你真以为我不信有神吗？

“对着帝士说，你丝毫不信。”

你的话不可信，迈雷托士，我想你自己也信不过。雅典人啊，
27 我觉得此人太轻率、太鲁莽，他的讼词是少年猛闯的表现。他像是造谜来试探我，心想：“且看，智者苏格拉底能否察出我故意开玩笑、说矛盾话呢，或者他和在座的听众都被我瞒过了？”他在讼词中的话显得自相矛盾，就像说：“苏格拉底因不信神、因信神犯罪”，这岂不是开玩笑的口吻？

〔十五〕诸位，和我一起研究他如何显得是说矛盾话；迈雷托士，你
B 答我们的问。诸位，莫忘我起初的恳求：我按平日习惯的态度说话，请你们不要喧哗。迈雷托士，有任何人相信有人的事物，而不相信有人吗？让他答，诸位，不要骚扰。有没有人不信有马，而信有马具；不信有吹箫的人，而信有吹箫的用具？没有的，我的好人；
C 你不肯答，我对你和在座诸君答。可是你要答下一个问题：有没有人相信有鬼神的踪迹，而不信有鬼神？

“没有。”

难得你金玉之口被在座勉强逼出片言以答。你说我相信并传

授有新或旧之鬼神的踪迹，那么，按你宣誓的讼词，我相信有鬼神
的踪迹；我既相信有鬼神的踪迹，就必然相信有鬼神，不是吗？是
的；你不答，我假设你同意。我们相信鬼神是神，或神的子女，同意
不同意？ D

“当然是的。”

你原先说我不信有神，现在如你所云，承认我相信鬼神，相信
鬼神是神的一种，——这就是我所说的你造谜为谑，说我不信有神 27
又信有神。鬼神若是神的私生子，据说是和水仙姑或其他女神所
生，世上任何人能信有神的子女而无神吗？其荒谬等于相信有马
和驴所生之子——骡——而没有马和驴。迈雷托士，你提这个讼 E
词，不是有意试探我们，便是茫不可得我的其实罪名。然而你想迷
惑稍有脑筋的人，相信同一个人会信有鬼神踪迹而不信有神、有
鬼、有英灵，世上无此骗人的机关。 28

〔十六〕雅典人啊，按迈雷托士的讼词，我之无罪，不必多申辩了，这
些已经够了。你们尽可相信我前面所说是实话：多数人中有对我
的深仇大恨，如果定我的罪，这就是定罪的原因，不是迈雷托士和
安匿托士，倒是众人对我的中伤与嫉恨。已经陷害了多数好人，我
想将来还要陷害许多，不愁到我为止。或者有人对我说：“苏格拉 B
底，你因所从事，如今冒着死刑的危险，还不知惭恧吗？”我就答他
一句正当的话：“足下说得不巧妙，你以为稍有价值的人只会计较
生命的安危，他唯一顾虑的不在于行为之是非，善恶吗？按你的
话，图垒阿之役丧生者的英灵皆不足道，尤其是特提士之子之不肯 C
受辱而藐视性命危险的气概也不足贵了。当他迫不及待要杀赫克

多拉，他的神母对他说，我记得，大致如下的话：‘吾儿，你为你友帕
徒娄苦洛士之死复仇，杀了赫克多拉，自己也休想活，因为死的命
28 运，赫克多拉之后，接着就到你！’他听了这话，藐视性命危险，只怕
D 偷生而不能为友复仇；直截了当地答道：‘我宁死以惩作恶者，不愿
偷生斯世，贻笑柄于满载苦恼的弓状巨舰之旁，为大地之累。’你
想，他把性命和冒险放在心吗？”雅典人啊，这是实情：凡职位所在，
无论出于自愿所择，或由于在上者委派，我想都必须坚守岗位，不
辞行险，不顾一切，不计性命安危，宁死勿辱。

E 〔十七〕雅典人啊，你们以前选来指挥我的将官派我去浦提戴亚、安
非朴里斯，和戴里恶斯等地，当时我能一如同列，冒死守职；现在，
29 我相信，我了解，神派我一个职务，要我一生从事爱智之学，检查自
己，检查他人，我却因怕死或顾虑其他，而擅离职守；这才荒谬，真
正堪得抓我到法庭，告我不信有神，因我不遵神谕，怕死，无知而自
命有知。诸位，怕死非他，只是不智而自命为智，因其以所不知为
知。没有人知道死对人是否最好境界，而大家却怕死，一若确知死
B 是最坏境界。以所不知为知，不是最可耻吗？诸位，这也许是我不
同于多数人之处，我如自认智过于人，也就在此：不充分了解阴间
情形，我不自命知之。然而我知道，行为不轨，不服从胜于己者，无
论是神是人，这些都是坏事和可耻的事。我绝不恐怖、避免好坏
C 尚未分晓的境界过于所明知是坏的境界。方才安匿托士说，不抓
我来此地也罢，既抓我来此地，就不得不把我处死，如释放我，你们
29 的子弟学会了我——苏格拉底所传授的，会彻底堕落。现在，你们
如不听他的话，释放我，对我说：“苏格拉底，这次我们不听安匿托

士的话，释放你，可是有个条件：以后不许如此探讨，不得从事爱智
之学，如被我们查出依旧从事，你就必须死了”；雅典人啊，如果你 D
们如此条件放我，我可要对你们说：“雅典人啊，我敬爱你们，可是
我要服从神过于服从你们，我一息尚存而力所能及，总不会放弃爱
智之学，总是劝告你们，向所接触到的你们之中的人，以习惯的口
吻说：‘人中最高贵者，雅典人，最雄伟、最强大、最以智慧著称之城
邦的公民，你们专注于尽量积聚钱财、猎取荣誉，而不在意、不想到 E
智慧、真理和性灵的最高修养，你们不觉惭愧吗？’”如果你们有人
反唇相讥，还说注意这些，我不轻易放过他，自己也不离开他，必对
他接二连三盘问，如果发现他自称有德而实无，就指责他把最有价
值的当作轻微的，把微末的视为重要的。我遇人就要这么做，无论 30
对老幼、同胞或异邦人，尤其是对同胞，因为他们和我关系较为切
近。你们要明白，这是神命我做的事，我认为，我为神办此差是本
邦向所未有的好事。我巡游各处，一无所事，只是谆劝你们老幼不 B
要顾虑身家财产在先而与性灵的最高修养并重；对你们说，德性不
出于钱财，钱财以及其他一切公与私的利益却出于德性。说这个
道理如果是蛊惑青年，这个道理就是有害的；如有人说我讲的是这
个道理以外的什么，他就是说谎。所以，雅典人啊，关于这事，我要 30
声明：你们听或是不听安匿托士的话，放我或是不放，我总不会改
行易操，即使要死多次。 C

〔十八〕雅典人啊，不要骚扰，仍旧遵守我对你们的要求，不要搅乱我的话，请听吧；我相信听我的话能得益。我要对你们说一些别的话，你们听了或许会叫起来，可是千万不要叫。

你们要知道，杀我这样的人，你们害我不如倒害自己之甚。迈
D 雷托士或安匿托士都不能害我，他们不能害我，我相信，坏人害好
人，是神所不许。他也许能杀我，或放逐我，或剥夺我的公民权，以
为这就是对我的大祸害，他人也许同样想，我却不以为然，我想他
谋杀无辜的罪孽重于所加于我的祸害。所以，雅典人啊，我此刻的
E 申辩远不是为我自己，如有人之所想，乃是为你们，使你们不至于
因处死我而辜负了神所赠的礼物。因为，你们如果杀了我，不易另
找如我之与本邦结不解之缘的人，有粗鄙可笑的话说，像马虻粘在
马身上，良种马因肥大而懒惰迟钝，需要马虻刺激；我想神把我绊
31 在此邦，也是同此用意，让我到处追随你们，整天不停对你们个个
唤醒、劝告、责备。诸位，这样的人不易并遇，你们若听我劝，留下
我吧。像睡眠中被人唤醒，你们尽许会恼我、打我，听安匿托士的
B 话，轻易杀我，从此你们余生可以过着昏昏沉沉的生活，除非神关
31 切你们，另派一个人给你们。我这样的人是神送给此邦的礼物，在
这方面你们可以见得：我自己身家的一切事务，多少年来经常抛之
脑后，总是为你们忙，分别个个专访，如父兄之于子弟，劝你们修身
进德，——这不像一般人情之所为。我若是有所图于此，或以劝善
得钱，这还有可说；现在你们亲见，告我的人无耻地诬告了其他一
切罪状，却不能无耻到伪造证据，说我要索报酬。我想，我有充分
C 证据证明我说实话，那就是我的贫穷。

〔十九〕我到处巡游，席不暇暖，突不暇黔，私下劝告人家，而不敢上
D 公庭对众讨论国事、发表政见，这也许显得离奇。其原因，你们听
我随时随地说过，有神灵降临于我心，就是迈雷托士在讼词上所讽

刺的。从幼年起，就有一种声音降临，每临必阻止我所想做的事，
总是退我，从不进我。他反对我从事政治。我想反对得极好；雅典 E
人啊，你们应知，我若从事政治，吾之死也久矣，于己于世两无益
也。莫怪我说实话。凡真心为国维护法纪、主持公道，而与你们和
大众相反对者，曾无一人能保首领。真心为正义而困斗的人，要想
苟全性命于须臾，除非在野不可。 32

〔二十〕我要向你提供强有力的证据，不是空话，是你们所尊重的实际
行为。听我的遭遇，便能见得我不肯背义而屈服于任何人，我不怕死，
宁死不屈！我要对你们讲一件平凡而有关法律的事，可是真事。 32

雅典人啊，除当过元老院的元老之外，我不曾担任国家的其他 B
官职。当时轮到我族的元老*组织理事团董理院务。你们要集体
审理十大将海上班师时未收阵亡兵士之尸，——这是不合法的，你

* 西元前四〇六年，雅典海军战胜腊克带蒙（Λακεδαὶμων），因战于阿尔尽牛西群岛附近故谓之阿吉牛西（Arginusae）之役。退兵时，海军十大将未收回阵亡兵士的尸首，雅典人民大怒而控告他们。十大将在法庭上申诉，曾派人收尸，因狂风突起而收不成。法庭上两造争论不休，法官宣布交元老院（Senate）规定审理的程序。元老院人数五百，由十族（the ten tribes）各以抓签方法推举五十人，共成五百人组成元老院。五百人按十族分为十班（每班五十人），轮流当理事团（Prytanis），每团任期三十五天。每团理事又分五组（每组十人），谓之主席团（Proedri or presidents），每团任期七天；每天一人值班，谓之总主席（Epistates）。当时的法庭是民庭（Assembly），由人民用抓签方法推举若干人组成。法庭审案由元老院监察，案的文件和手续等等先由院的主席团省察，合法才交法庭付议。案件提交法庭时，由元老院的总主席在庭上当主席。十大将的案，原告人民提议不必个别审判，要求笼统由人民投票表决，意在必置他们于死地。这不合雅典的法律，苏格拉底那天以元老院总主席的资格在法庭上当主席，他不肯把原告人民这种不合法的提议提交法庭付议，虽然恐吓万端，他全不顾。可惜按规定他只值班一天，第二天由另一人主持，那人屈服了，十大将终于含冤而死。

们后来都也承认。当时我是理事中唯一的人反对你们违法办事，
虽然政论家宣称要弹劾我，拘拿我，你们也喧哗怂恿，我却拿定主
C 意，必须为法律、为公道而冒一切险，不愿因畏缧绁、斧锯而附和你
们于不义。这是本邦庶民政治尚存的事。嗣后寡头政体成立，三
十巨头召我和其他四人同到圆宫，派去萨泠密斯逮捕当地人赖翁
32 来伏诛；他们还派了多人去执行许多类似的命令，因为他们想加罪
D 于人以多为妙。当时，我不徒以言语，以实际行动，如不嫌用粗鄙
的话说，表示丝毫不怕死，可是我万分留心，不做任何背义慢神的
事。当时的政府，淫威虽盛，却吓我不倒，不能强我作恶，我们离开
圆宫，其他四人去萨泠密斯捉赖翁，我直溜回家。那政府若不是随
即倒台，我也许为此事送命了。关于这几件事，有很多能对你们作
E 证的人。

〔二一〕你想我能活到这年纪吗？如果我在朝任职，为正人君子之所
33 应为，维持公道，并如所应为，以此为首要的事？差得远呢，雅典人；
没有任何人具此本事。我一生，无论在朝在野，总是这样一个人，不
曾背义而对任何人让步，不论诽谤我的人所指为我的弟子或其他
B 人。我不曾为任何人之师；如有人，无论老少，愿听我谈论并执行使
命，我不拒绝，我与人接谈不收费、不取酬，不论贫富，一体效劳；我
发问，愿者答，听我讲。其中有人变好与否，不应要我负责，因为我
不曾应许传授什么东西给任何人。如有人说从我处私下学会或听
到他人所不曾学、不曾听的东西，请认清，他不是说实话。

C 〔二二〕然则何以有人乐于浪费时间和我相处？雅典人啊，此事的

缘起你们早已听见，我把全部事实对你们说过了：他们乐于听我盘
问不智而自以为智的人，此事确实有趣。我相信，此事是神之所 33
命，神托梦启示我，用谶语差遣我，以种种神人相感的方式委派我。
雅典人啊，此事是真，否则易驳。如果我蛊惑青年，以往受我蛊惑 D
的如今年长了，回忆少年时受我引诱，必然会出来告我，对我报复。
若是他们自己不愿出面，他们的父兄和其他亲属，回忆子弟或后辈
亲属受我的害，也会把真相揭出。他们此刻在场的很多，我所看见
的：第一是克力同在此，他与我同年同区，是这位克力透布洛士之
父。其次是斯费托斯的吕桑尼亚士，这位埃斯幸内士之父。再次 E
是开非索斯的安提丰在此，埃比更内士之父。此外还有别人，其兄
或弟常和我一起消遣，如：匿寇斯徒拉托士，提坞肘提底士之子，提
坞豆托士之兄（提坞豆托士已故，当然不能阻止乃兄告我）；怕拉洛
士，邓漠豆恪士之子，过去的提阿盖士之兄；阿逮满托士，阿力斯同
之子，其弟柏拉图在此；埃安透都洛士，其弟阿普漏兜洛士也在此。34
我还能对你们举许多人，其中也有迈雷托士最宜引为其讼词作证
的，他若是忘了，现在尚可提出，我避席，让他提，如果他有可提的
这类的证人。可是，诸位，你们要发现完全与此相反的情形，他们
反而极愿帮我，蛊惑青年者，迈雷托士和安匿托士所告发的，把他
们的亲属带坏了的人。受我蛊惑的，本人帮我，犹有可说；至于他 B
们的亲属，既不曾受我蛊惑，又是上了年纪的人，有什么理由帮我，
除非那个真确的理由：深知迈雷托士说谎、我说实话？ 34

〔二三〕诸位，这些和其他类似的话大致就是我所要申辩的了。或
者你们之中有人会恼羞成怒，回忆自己以往为了一场小官司，涕泪 C

满脸哀求审判官，还带了儿女和许多亲友来乞情；而我不做这种
事，虽然明知自己到了极大危险的地步。也许有人怀此恼羞成怒
D 之感，向我发泄，带怒气对我投一票。你们若是有人存此心——我
估计不会有；如果真有，我想对他这样说不为过分：好朋友，我也有
亲属，如贺梅洛士所说的，“我并不是出于木石”，也是人的父母所
生；我也有亲属，雅典人啊，我有三个儿子，一个几乎成人了，两个
还小，但我不把任何一个带来求你们投票释放我。我为什么不这
E 么做？雅典人啊，我不是有意拗强，也不是藐视你们。我对死有勇
与否，是另一问题，为你、我和全国的名誉，我认为这样做无耻，我
35 有这么大年纪、这样声望，——不论名与实相称与否，大家已经公
认苏格拉底有过人处。你们之中，以智或勇或任何其他德性著称
者，如果也这样做，岂不可耻？可是我常见过有声望的人受审时做
出这种怪状，他们以为死是可怕的事，若许他们免死，似乎便能长
生。我觉得这种人是邦国之耻，外邦人会议论说，雅典之德高望
B 重，国民所称誉、拥戴而居官职的人，真无以异于妇人女子。雅典
人啊，这种行为，我们有些声望的人都不宜做，你们也不可允许我
35 们做；你们要明白表示：凡演这种可怜戏剧，贻邦国以笑柄的人，远
比持镇静态度者易于判罪。

C 〔二四〕诸位，不名誉以外，我想，向审判官求情，乞怜释放，总不是正当的事，只可向他剖白，说服他。审判官坐在法庭上是要判断是非曲直，不能徇情枉法；他发誓不凭自己的好恶施恩报怨，只是依法判断。所以，我们不可使你们背誓成习，你们也不可自己背誓成习，否则你我双方都做了不敬的事。因此，雅典人啊，休想我肯

向你们做这种事，我所认为不高尚、不正当、不虔敬的事，藉帝士的 D
名义，姑不论他时，尤其当前迈雷托士正在此告我慢神。显然，我若对你们发过誓的人苦诉哀恳强求你们背誓，那就是教你们不信有神，我的申辩成了无神论者的自供。但是这和事实相差甚远；雅典人啊，我信神非任何告我的人之所能及，我委托你们和神，在最有利于你我双方的情况下，判断我的案。

〔苏格拉底的申辩至此结束，大家投票。结果以二百八十一票对二百二十票宣告有罪。以下他再发言〕 E

〔二五〕雅典人啊，对你们投票定我罪，以及其他许多蝉联而发生的 36
事，我并不恼，也不感觉意外；颇感诧异的是正反两方的票数，想不到反对票这么少，我所预料的要多，似乎两方票数只要对调三十，
我就可以释放了。我想，就迈雷托士论，我现在已经释放了；不但 36
释放了，对人人都清楚，如果没有安匿托士和吕康上前告我，他要
罚款一千都拉马，因他没有得到五分之一的票数。 B

〔二六〕此人提议以死惩罚我，我要承认什么惩罚以代替死刑呢？显然要提我所应得的，是吗？我应受，应偿什么？我一生未尝宁息，不像众人之只顾家人生产、蓄积钱财，不求武职，不发政论，不
做官，不参与国内阴谋和党派之争，自知过于刚直，与世征逐难于 C
保全性命，便避开了对自己和你们都做不成有益之事的纷华之域，专去那对每个私人能得到我所认为最大益处的地方。劝你们个个对己应注意德与智之求全先于身外之物，对国当求立国之本先于

谋国之利，对其他事要同样用先本后末的方法。像我这样的人应
D 何所受、何所得？好处，雅典人啊，我应得好处，如果真正据功求
赏，好处应是与我相称的。对你们的穷恩主相宜的是什么？他需
要有闲劝导你们。雅典人啊，对此种人相宜的莫过于许他在普吕
坦内安*就餐。这对我相称远过于对欧令皮亚场上赛马或赛车得
E 胜的人，因为他造福于你们是表面的，我造福于你们是真实的，他
37 生计无所需，我却需要。所以，若需正当依我所应得科罚，就罚我
37 在普吕坦内安就餐吧。

〔二七〕我说这话，正如以前说不肯啼泣哀求的话，或许对你们显得
有意拗强；其实不然，我说这话却是因为深信自己向不有意害人，
可是不能使你们同样相信，因为说话的时间太短；我想，你们若有
B 一条法律，如他邦的人所有，规定凡死刑案件不得一日里判决，必
须经过好几天，那就能使你们相信；现在不易在短时间内肃清偌大
诬陷蜚语。因我深信不曾害人，我也绝不肯害己，我不承认应当吃
亏、堪得受罚。我何苦来？怕迈雷托士所提我认为所不知吉或凶
的吗？选择所明知是凶的为代价吗？我要提议什么惩罚？监禁
C 吗？何苦坐牢过着在职官吏的奴才生活？提议罚款，监禁以待付
吗？这和我方才所说的长期监禁相同，因为我没有钱以付罚款。
D 提议放逐吗？或许你们罚我放逐。我可未免过于贪生，甚至迷惑
到不能估计：你们，我的邦人，尚且不耐我健谈、多话，厌其烦、恶其

* Prytaneum 的译音。雅典的公共食堂，特为元老院的理事、外国使者和有功于国的人所设的。

冗，要赶我走，异邦人反而易容我这一套吗？差得远呢，雅典人。
像我这年纪的人离乡背井而投他邦，入复被逐，轮番更迭以延残
喘，如此生涯岂不妙哉！我相信每到一处，青年们必如此地之聚聆
我谈天。我若是赶他们走，他们必央其兄长来赶我；我不赶他们，
其父和亲属们会为他们赶我。 E

〔二八〕或者有人说："苏格拉底，你离开我们，不会缄默地过日子 37
吗？"这最难使你们任何人相信：如果说，我不能缄默，缄默就是违
背神的意旨，你们不会相信，以为我自我谦抑，如果再说，每日讨论 38
道德与其他问题，你们听我省察自己和别人，是于人最有益的事；
未经省察的人生没有价值，这些话你们更不会相信。诸位，我说，
事实确是如此，却不容易使你们相信。此外，我也不惯于设想自己
应受任何损害。我若有钱，就自认所能付的罚款，这于我却无伤。 B
可是我没有钱，除非你们肯按我支付的能力定罚款的数目。或者
我付得起一个命那银币，我自认此数。雅典人啊，在座的柏拉图、
克力同、克力透布洛士、阿普漏兜洛士，他们都劝我承认三十命那， C
肯为我担保；我就承认此数吧，他们对此款项担保得起。

〔审判官去判决，结果判他死刑。他再发言。〕

〔二九〕雅典人啊，过不多时，有意辱国之徒要骂你们，奉送戕杀智
者苏格拉底之名；他们存心责难你们，称我智者，其实我并非智者。
你们稍等些时，所期望的自然就会达到，瞧，我的年纪，生命途程已
经走多远了，多么接近于死了。我说这话不是对你们全体，是对投
票判我死刑的人。我还对同一批人说：诸位，你们或许以为，我被 D

定罪，乃因我的辞令缺乏对你们的说服力，我若肯无所不说、不为，
38 仅求一赦，那也不至于定罪。不，远非因此。我所缺的不是辞令，
所缺的是厚颜无耻和不肯说你们最爱听的话。你们或许喜欢我哭
E 哭啼啼，说许多可怜话，做许多可怜状，我所认为不值得我说我做、
而在他人却是你们所惯闻、习见的。我当初在危险中绝不想做出
卑躬屈膝的奴才相，现在也不追悔方才申辩的措辞，我宁愿因那样
39 措辞而死，不愿以失节的言行而苟活。无论在法庭或战场，我或任
何人都不应当不择手段以求免死。在战场上，往往弃甲曳兵而走，
或向追者哀求，每当危险时，若肯无所不说、无所不为，其他逃死的
方法还多着呢。诸位，逃死不难，逃罪恶却难得多，因此罪恶追人
B 比死快。我又钝又老，所以被跑慢的追上，控我者既敏且捷，所以
被跑快的——罪恶——追上。现在我被你们判处死刑，行将离世，
控我者却被事实判明不公不义，欠下罪孽的债；我受我的惩罚，他
们受他们的惩罚。或许这是合当如此，我想如此安排倒也妥当。

C 〔三十〕投票判我死刑的人们，我要对你们做预言，人之将死时最会
预言，我已到其时了。我对你们说，杀我的人啊，帝士为证，我死之
后，惩罚将立即及于你们，其残酷将远过于你们之处我死刑。现在
D 你们行此事，以为借此可免暴露生平的隐匿，可是，我说，效果适得
其反。将来强迫你们自供的人更要多，目前被我弹压住，你们还不
知道呢。他们年轻，更苛刻，更使你们难堪。你们以为杀人能禁人
39 指摘你们生平的过失，可想错了。这种止谤的方法绝不可能，又不
E 光彩；最光彩、最容易的不在于禁止，却在于自己尽量做好人。这
就是我临行对你们投票判我死刑者的预言。

〔三一〕趁官吏们正忙着、我尚未赴死所之前，愿和投票赦免我的人
们谈谈此事的经过。朋友们，请等我，不会有人禁止，我们不妨尽
所有时间彼此谈谈。你们是吾友，我想把此刻所感觉之意义揭示 40
给你们。我的审判官啊，我称你们审判官，你们无愧此称呼；我遇
一件灵异的事。经常降临的神的音旨以往每对我警告，甚至极小
的事如不应做，都要阻止我做。你们眼见，当前发生于我的事，可
以认为，任何人都认为最凶的；可是这次，我清晨离家，到法庭来， B
发言将要有所诉说，神的朕兆全不反对。可是，在其他场合我说话
时，往往中途截断我的话。在当前场合，我的言语、行动，概不干
涉；我想这是什么原因呢？告诉你们：神暗示所发生于我的好事，
以死为苦境的人想错了。神已给我强有力的证据，我将要去的若 C
不是好境界，经常暗示于我的朕兆必会阻我。

〔三二〕我们可如此着想，大有希望我此去是好境界。死的境界二
者必居其一：或是全空，死者毫无知觉；或是，如世俗所云，灵魂由 D
此界迁居彼界。死者若无知觉，如睡眠无梦，死之所得不亦妙哉！ 40
我想，任何人若记取酣睡无梦之夜，以与生平其他日、夜比较一番，
计算此生有几个日夜比无梦之夜过得痛快，我想非但平民，甚至大 E
王陛下也感易于屈指；为数无几。死若是如此，我认为有所得，因
为死后绵绵的岁月不过一夜而已。

另一方面，死若是由此界迁居他界，如果传说可靠，所有亡过
者全在彼处，那么何处能胜于彼，审判官啊？到阴间，脱离了此地 41
伪装为审判官者，遇见真正的审判官，据说，在彼审理案件，如命诺
士、呼拉大蛮叙士、埃阿格士、徒力普透冷莫土，以及其他生前正

直、死而神者，——这么这个转界岂同小可？

你们如有人得与欧尔费务士、母赛恶士、赫细欧铎士、贺梅洛
B 士诸公相会，什么价值能过于此？我宁愿死几次；在那里过日子对
我绝妙、能遇怕阑昧底士、泰拉孟之子爱伊阿士，以及其他死于不
公平之判断的古人，把我的遭遇和他们相比，我想不至于无聊吧。
最有趣的是，在那里，如在此处世，消磨光阴省察他人，看谁智、谁
不智而自以为智。审判官啊，你们如有人能去省察图垒阿之役大
C 军的统帅，或欧迪细务士，或薛叙弗恶士，或任何人所能举的无数
男男女女，他将愿出多大代价？和他们相处，和他们交谈，向他们
发问题，都是无限幸福。无论如何，那里的人绝不为这种事杀人；
所传说的若是实情，那里的人在其他方面福气更大以外，他们岁月
无穷，是永生的。

41 〔三三〕诸位审判官，你们也要对死抱着乐观的希望，并切记这个道
D 理：好人无论生前死后都不至于受亏，神总是关怀他。所以，我的
遭遇绝非偶然，这对我明显得很，此刻死去，摆脱俗累，是较好的
事。神没有朕兆阻止我，原因在此。我并不恨告我和投票判我死
刑的人。然而他们不是存心加惠于我，只是想害我，因此他们堪得
E 谴责。我却要重托他们一件事：诸位，我子长大时，以我之道还治
我子之身，如果发现他们注意钱财或其他东西先于德性，没有出息
而自以为有出息，责备他们如我之责备你们，责备他们不注意所当
注意的事、不成器而自以为成器。你们如果这样做，我父子算是得
42 到了你们的公平待遇。

分手的时候到了，我去死，你们去活，谁的去路好，唯有神知道。

译后话

西元前三九九年春，苏格拉底七十岁那年，被人控告。原告三人：迈雷托士、赖垦、安匿托士。迈氏在《游叙弗伦篇》曾提过，似乎就是阿里司徒放内士（Aristophanes）的《蛙》（Frog）中所说的斯叩里亚地方的诗人（Poet of skolia），因苏格拉底在本篇指出他是为诗人出气的。赖垦是修辞学家，并没有大名望。三人中，还是安匿托士最出风头，他的职业虽然是皮匠，在政治上却很活动，西元前四〇三年，雅典庶民政体光复，他很有功，据说还带过大兵。这场官司，名义上是迈雷托士带头，其实是安匿托士从中怂恿，苏格拉底在当时有智者（Sophists）嫌疑，其实他最恨智者，相传智者和他有私隙。

他们所告的罪状有二：（一）慢神，（二）蛊惑青年。二者是当时社会攻击一般哲学家的普遍口号，——第一是对自然哲学家（Physical Philosophers）的，第二是对智者的。他们极恨苏格拉底，却找不出什么特殊罪状，只好笼统地举出两条，真是"欲加之罪，何患无辞"。

他们恨苏格拉底，却也不能无因；有远因和近因。远因代表当时一般社会的观感。苏氏是个思想家，思想家的惯技是批评现状。他虽不如前人之天上地下无所不谈，对人事方面的观察与批评，却非常敏锐。上自国家的政治法律，下及人民的道德宗教，一一重新评价，有流弊处，很不客气地指摘出来。雅典的国民性素来狭窄，他们把庶民政体视为天经地义，不许人批评。至于流行的道德、宗教，都是祖宗世世相传的衣钵，其威权和不成文法（unwritten law）相等，也是不许批评的。苏氏竟敢批评，真是以蛋触石。此外，当时的社会对他还有误会：（一）把他误认为智者一流。他是思想家，智者们也是思想家，只这一点已足以使一般群众分别不清。（二）苏氏常说有一种神的朕兆在心里监督他的行动，他也经常攻击当时的宗教神话，群众因此产生误会，以为他是引进新神，从事宗教革命。其实他虽然不满于当时的宗教太不道德化，却没有创立新教；他毕竟是哲学家，不是宗教家，对宗教只有消极的批评，不做积极的建设。至于“神兆”一语，只是一种“隐喻”借以形容良知的作用。柏氏著书爱用神话比衬正词，好处在于生动，但也有和神话分不清的缺点；这些地方，读者不可拘泥词句，否则反而以词害意。至于说苏格拉底是智者一流，以下事实足以证明他并不是：（一）不收费授徒，（二）不设科讲授，（三）不巡游卖技，（四）不做学业上的保证。这些事实证明他不以教授为生，他另有职业，就是家传的雕刻技术。得暇便在市井之间和大众闲谈，——不拘时，不择地，不论人。闲谈是他的嗜好，目的并不在于教人，只是与人共同寻求真理；有结论也罢，无结论也罢，于他都是津津有味。他与大众闲谈，若可称为聚徒讲学，也是出于纯粹“爱智”的动机，和智者们之以智慧为货物出卖迥然不同。

苏氏所以被控的远因既如上述，现在再看近因何在：前面说过，苏氏极爱批评现状，当时的政治和学术是当时现状的一部分，三个原告是当时政、学两界的人物,平日受过苏氏批评,怀恨刻骨,他们控告是报复的手段。他们非但不愿受苏氏批评,苏氏批评的方法,他们最恨不过。那种方法实在厉害得很。他并不直指人家的错处,他的态度很谦和,像是自己毫无成见,只是一步一步地向你请教,结果你的错误自己暴露出来,——这种情形最为狼狈难堪。

苏氏被控的始末,我们已知其大概了,以下再谈他受审的经过。按法律,凡关于宗教的案件都要提讼于国王,迈雷托士告苏格拉底的状就是送到王宫(见《游叙弗伦篇》首),然后交法庭审理。法庭的审判官人数六千,由公民抓签选出,当时雅典人民共有十族,每族选六百人。但审判时,审判官未必全体出席。出席人数自四五百以至上千不等;出席若是偶数,就要另加一人使成奇数,以免投票不能表决。审苏格拉底案件的共五百零一人。审理程序分为三段:第一段由原告提出讼词。第二段由被告提出辩护,然后审判官投票表决有罪无罪。第三段先由原告提议他所认为相当的刑罚,并说明理由;然后由被告提议所愿受的较轻刑罚,也说明理由,同时,按惯例,被告的妻子以及其他亲属出来哀求审判官从轻定罪。双方提议了以后,审判官必须由所提的两种刑罚任择其一,也是用投票决定。这次以二八一票对二二〇票表决苏格拉底有罪。原告所提的是死刑,苏氏所提的是罚款,——起先认罚一个命那,后来受在场朋友的怂恿,加到三十命那。结果审判官决定用原告的提议,判他死刑。其实他本可免死,免死的方法很多,如(一)未审之前逃亡境外,这是当时常见的事;(二)辩护措辞稍软,说些悔改的话,或追述以往战功,请求将功赎罪;(三)自认充分的罚款;

(四)坐监一个月之间设法逃亡。罚款或逃监所需款项很大,非他本人所能办,然而许多富裕的朋友情愿为他负担一切,前后都有人苦劝他承认充分的罚款或逃监,他始终不依。况且审判官们并不一定要判他死刑,正反两面的票数相差那么少,便可见得。再忖度原告的心理,他们虽然提议死刑,其实目的在报复,报复心理最痛快的是眼见对方屈服;他们故意造成紧张形势,要逼得苏氏向他们乞命,这就满足了他们的报复心理,无奈苏氏偏不肯屈服。其次,他们实际上只要拔去眼中钉,苏氏若离雅典,他们目的便已达到,并不一定要他死。至于审判官,他们也不过故装威风、执法森严,等你再三苦求,然后放松,以显恩威并济;这是作伪的心理,苏氏早已看穿(本篇 38D—39B),偏不给他们机会作伪。苏氏这种行为纯出于烈士气概,烈士之所以为烈士,就是临难之际,生路排在面前,只要稍屈,尽可免死,然而烈士宁死不屈。

本篇内容天然分成为三段:第一段,辩护;第二段,宣布有罪之后,提议以罚款代死刑的话;第三段,定死刑以后,向审判官与听众留别之辞。前两段是依法律所应说的,后一段或许是特准说的。

第一段的辩护又分三段:(一)声明自己说话的态度与习惯,解释一向大家对他的成见与误解(17A—24B);(二)直接答驳迈雷托士的讼词(24C—27E);(三)剖白自己生平的事迹与行为(28A—35D)。一、二两段是绪论,答驳所谓两批原告,第三段才是正面的辩护。他驳答原告时,态度不大认真,略带滑稽口吻;驳迈雷托士的话固然滑稽,就是叙述神谶的一段也带滑稽风趣,总而言之,原告不值得驳,他早晓得自己的致命伤乃在平时做人的方式,所以极力在这方面剖白。

第一段和第一小段：(一)声明自己不是老于官司的人，不习惯于法庭上的言语，请求审判官允许他按平日的口气说朴质的话。(二)解释大家对他两层的误解；(甲)把他误认为自然哲学家，(乙)把他误认为智者之流。关于第一层，他并没有这方面的知识，大家只是把他和安那克萨哥拉士(Anaxagoras)等人混为一谈；关于第二层，他并不会传授什么，自然不敢以教授为业；智者却一切都能教，他们以教授为业。他更进一步而叙述带勒弗伊神谶的故事，以说明他所以招怨的原因：他因为要了解谶语的真意，才去考察人家，结果被人家恨；非但如此，还有许多青年看见觉得有趣，便学他的办法，出去考察人家，结果大家一概归怨于他。

第一段的第二小段专门答驳迈雷托士的话。苏氏发三问把他驳倒：(一)你说我蛊惑青年，然则谁辅益青年？他答道：除你以外，人人都会辅益青年。苏氏用马夫与马的比喻指出他的话荒谬，因为教育是一种专门技术，不能人人都有这种技术，正如不能人人都当马夫。(二)你说我蛊惑青年是有意的，或是无意的？答道：有意。人人晓得和坏人接近会受害，那么，把自己所接近的人引诱坏了，岂不等于自己情愿受害？世上没有这种人，那么，我若蛊惑青年，也是无意的过错；无意的过错，法律不治罪，只是警戒一番。(三)我如何蛊惑青年？不信国教，引进新神。这是什么意思？这表明你是无神论者。无神论者任何神都不信，你说我引进新神，岂不是矛盾？

第一段的第三小段可分八层：(一)宣布自己立身的规则，简约来说，只是“忠于所业”四个字。(二)表白以前当兵时，曾按这条规则做长官所指派的职事。现在神也派他一个职事，就是考究哲学，难道可以不守这条规则吗？不守就是不服从神的命令，这才是无神论者的行为呢！（三）不服从神的命令是可见的罪恶，死是不可知的痛苦，躲避可见的罪恶比不可知的痛苦迫切得多。（四）声明法庭若以抛弃哲学为条件赦他的罪，他绝不干：神的命令重于法庭的命令，他不得不服从。所以郑重声明：他一息尚存，必是仍旧做他的工作。（五）声明他此刻的申辩不是为己，是为雅典的群众；保全他，就是保全神所送给雅典的礼物，——不可再得的礼物。（六）说明他所以不当公务员的理由：因为神的朕兆在他心中禁止他。看来神的旨意是对的，因为做官和做正人君子两不相容，结果必把性命送掉，于己于世俱无益处。（七）解释他一向对青年的态度：不收青年为弟子，也不拒绝和他们谈话；不用什么教他们，和他们谈话也不取酬。所以对他们的行为无责可负。（八）说明他何以不带妻子和亲属向法官求情：（甲）这种行为不是他这种人所应做的，非但自己丢脸，也是国家的耻辱；（乙）向法官求情就是让法官徇私，这是不虔敬的行为。

第二段的话可分以下三层：（一）严格说，他不必认罚，倒要请赏，因为他有功于国。（二）坐监和流放都是他所不愿的，因为，一则犯不着受点狱吏的臭气，二则“滔滔者天下皆是”，到其他地方恐怕也是和雅典一样。（三）罚款倒是于他无伤，可是他没有钱，他只出得起一个命那；在场朋友劝他认三十命那，就认此数吧，好在他们肯作保。

第三段：（一）对判他死刑的人，（甲）声明他原有很多免死的方法，他都不肯用，因为他不肯不择手段以求生；（乙）发个预言。（二）对投票赦免他的人，（甲）说明这次的遭遇是神的意旨；（乙）安慰他们，说明死不见得可怕，还许是极乐境界；（丙）赠言：做好人总不至于吃亏。（三）托孤。他托孤的方法也怪得很：不托朋友，反托仇人；不托他们加惠孤儿，倒托他们处罚孤儿，如果孤儿没有出息。

本篇的史实与内容既如上述，我们也要注意其价值如何。本篇在历史上，是人类最光荣的历史一页；在艺术上，是一幅绝技的烈士图像；在文学上，是一篇第一流的传记；在伦理学上，是一种道德的基型（moral form）。

最后有个问题，是本篇忠实程度的问题，换句话说，本篇的话有多少成分是出于苏氏之口，有多少成分是作者所加的？这个问题，西洋学者讨论不休，至今没有一个定论。他们的论调大约可分两极端与中和三种：第一极端是主张本篇十分忠实，至少也有八九分忠实，有人甚至认为是当场记下来的。这一派的理由是：作者目的既在为老师留下万世不磨的事迹，当然不能捏造事实、杜撰言辞，因为，倘若如此，立即会被当时明了真相的人揭穿。这话固然是纯粹的揣度，然而还有几分理由；至于说本篇是当场记下来的，未免太无根据了。第二极端是把本篇看作纯粹的艺术作品，是作者根据苏氏的精神所构造的。他们的理由是：克任诺冯（Xenophon）的苏格拉底回忆录（Memorabilia of Socrates）说苏氏不曾事前预备一篇诉辞，然而从本篇的文字上看，却是精心结构，可见全是作者所杜撰的。其实未必然，本篇开端也有一段苏氏自己声明不娴熟辞令的话，然而不娴熟辞令未必就要东扯西拉，语无伦次。苏氏脑筋那样清楚，问答本领那么大，难道在这么关键时刻，叙述自己生平事迹，反而不会说得有条有理？况且他的生平事迹本是有条理的，只是说老实话，条理自在，何必事前预备？中和派的主

张是:本篇确是记录苏氏的话,只是经过了记录者润色。其理由有二:(一)本篇发表的年月虽不能确定,距苏氏死后总是不远,当时在场的人关于此事的记忆尚未泯灭,万不能容作者杜撰一切。(二)引文的惯例,口语写成文字,必须经过润色,不能因此就说是杜撰、是不忠实。译者认为此派的主张比较近理。还有一点,这三派主张无论如何不同,最低限度都要承认本篇是代表苏氏的精神,柏拉图的艺术无论怎么高,总不能不根据苏氏的精神来写,他当时的心愿至少要办到这一步,这是可以相信的。

克　力　同

译 者 序

本篇是柏拉图对话录最早的作品之一。柏氏最早的作品，西方哲学史家一致认为他忠实地叙述了苏格拉底的思想，并以高度艺术技巧描绘了他生平最崇拜的老师之高尚品德，尤其是此篇与《苏格拉底的申辩》，写得有声有色，可歌可泣，读之不禁油然生敬畏之心。无怪柏氏在西方文学史上占应有的地位，历代誉为哲学诗人。

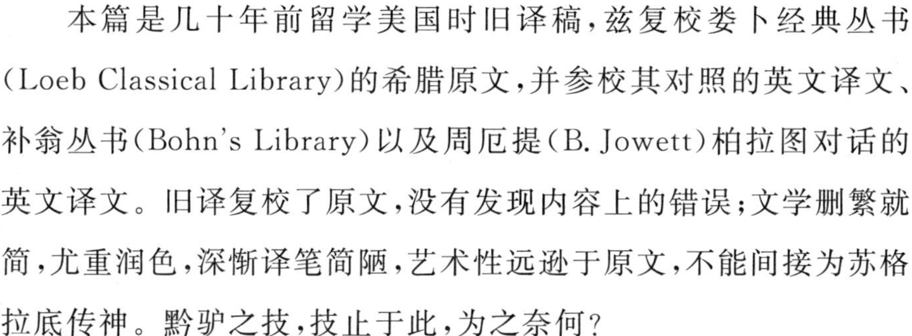

本篇是几十年前留学美国时旧译稿，兹复校娄卜经典丛书(Loeb Classical Library)的希腊原文，并参校其对照的英文译文、补翁丛书(Bohn's Library)以及周厄提(B. Jowett)柏拉图对话的英文译文。旧译复校了原文，没有发现内容上的错误；文学删繁就简，尤重润色，深惭译笔简陋，艺术性远逊于原文，不能间接为苏格拉底传神。黔驴之技，技止于此，为之奈何？

译文每页每面的左边或右边都注明巴黎版斯特方努士(Stephanus)编的《柏拉图全集》卷数之下的标准页、面的阿拉伯数字和字母 A、B、C、D、E 的栏码，俾读者便于随处检查原文以复校译文。娄卜丛书希腊原文与英文译文的对照本、周厄提英文译本，皆用此办法，兹依其例为之。凡拙译柏氏著作皆依此例注明，特此补向读者声明。

一九七九年八月二日
挥汗写于武林道古桥畔
杭州大学逼仄之居

《克力同》提要

苏格拉底的岁月逼近结束了，有人看见那只催命船开过了宋 43
尼安。与他同时的上年纪的朋友克力同尚未黎明就来报此信息，
他自己却在梦中得到启示，第三天必须辞世。时间宝贵，克力同早
来，为的是要得他应允逃监的计谋。这是他的朋友们轻而易举的 45
事，救他的命并不冒险，听其丧生则是耻辱。他应虑及为父之责，
毋陷于冤家之手。所需钱财，克力同、新谜亚士和其他朋友皆已备
齐，他在啬萨利亚等地不难找到朋友。

苏格拉底唯恐克力同只是强以常人之见，而他一生却独听命
于理性和明智的一人之见。克力同曾一度承认此操守正当。尽管
有人会说“人众能杀”，此语无足轻重。好的生活，换句话，唯光明
正大的生活有价值。物议与儿子无依之虑都要置之度外，唯一问 47
题乃在企图逃监是否正当。公正、不怕死的克力同自能答此问题。
苏格拉底宣判死罪之前，大家时常聚谈，一致同意为人不可作恶、
不可以恶报恶、不可害义伤理。这些原则是否因苏格拉底处境之
变而变？克力同承认这些原则不变。那么，逃监与不变的原则相
协调吗？对此质问，克力同不能答或不愿答。

苏格拉底继续往下说；假设雅典法律来告诫说，为什么违法背
律？如答称，伤害我，法律将覆曰，合约何在？以什么反对的理由 51

为口实而推翻法律？你不是凭藉法律以生、养、教育，法律不是你
52 的父母吗？你尽可离雅典、往所欲往之地，可是你比其他公民经常
留居此土，于今七十年了。由此可知，我显然承认合约，如今弗能
背约而不辱身且危及朋辈。况且在审讯中，我原可提出流寓他乡
53 的处分，却自称宁死毋流。我将何所往？凡治理之邦，其律都要敌
视我。或许不治之邦，如啬萨利亚，先是欢迎我，随后不光彩的逃
奔将传为笑柄。我若开罪于其民，便需重受别种教训。可要继而
宣讲道德吗？这在异邦不得体。若把儿子带到啬萨利亚，他们将
54 何所得于避难生涯，失去了雅典的公民权？如把他们留在雅典，能
期望朋友们因乃父流亡在啬萨利亚而更优待他们吗？真实的朋友
之于孤儿岂因乃父之存殁而异其操？最后，法律谆诰，先虑义不
义，后及于性命与嗣续，于是，可以宁静而清白地辞世，成个无辜的
蒙祸者。如果背约、以恶报恶，则有生之年为法矢之的，地下之律
亦将以敌待之。这是神秘的语声在我耳边经常告诫如此。

克力同〔或论义务——关于伦理的〕

人物：苏格拉底

克力同

地点：监牢

〔一〕苏　你为什么这时候来，克力同？不是还早吗？ 43

克　是早得很。

苏　大约什么时候了？

克　才黎明。

苏　可怪，守监的竟许你进来？

克　他和我熟悉了，苏格拉底；因我常来这里，同时他对我留点情。

苏　你刚到，或是来些时了？

克　来些时了。

苏　为什么不即刻叫醒我，却坐在旁边不做声？ B

克　藉帝士的名义，苏格拉底，我自己正想不要这样悲伤失眠。方才对着你叹异了半晌，看你睡得那么酣。我特意不把你叫醒，让你尽量过着快活的时间。我时常感觉你生平尽是乐观，现在愈觉得，当前你大祸临头，还是如此宁静，泰然处之。 43

C 苏　好，克力同；像我这年纪的人，因无可避免的死期来临而
苦恼悲戚，那就不成话了。

克　其他上年纪的人遭同样无望之祸，年纪丝毫不能使他们面对来临的命运减轻苦恼。

苏　这倒是事实。你为什么来得这么早？

克　报告你悲惨的消息，苏格拉底；在你不觉悲惨，在我和所有你的朋友却是悲惨沉痛，在我最难忍受。

D 苏　什么消息？是否那只船已开出带洛斯，船到，我就要
死吧？

克　此刻还没到，我想今天必到；有人从宋尼安下船的已经到了。显然，据他们说，船今天要到，明天，你的性命必然要结束了，苏格拉底。

〔二〕苏　好，命运啊，克力同；若是神的意旨如此，即便如此吧。我
44 却想今天到不了。

克　有什么朕兆？

苏　我就要告诉你。船到后一天，我就必须死。

克　主管这些事的人这么说。

苏　我想船今天到不了，明天到。夜间片刻以前，我见兆于梦中；你方才不把我叫醒正及时。

克　是什么梦？

B 苏　一个白衣丽人示现于我，来我处叫我，对我说："苏格拉
44 底，今后第三天，你就来到肥沃的弗替亚。"

克　怪梦，苏格拉底。

苏　不，对我显现明白得很，克力同。

〔三〕克　太明白了。但是，亲爱的苏格拉底，最后接受我央告，留
下你的性命吧。你死，在我不只是一种灾难：非但失去了一位不可 C
再得的朋友，许多不深知你我的人要认为我能花钱保全你，只是不
肯尽心。重钱财过于朋友，可耻的名誉有甚于此者乎？多数人不
相信我们殷勤央你离开此地，你自己坚决不依。

苏　万福的克力同，我们何必如此关注大众的意见？最富理性的人的意见更值得考虑，他们会相信事实的真相。

克　但是你瞧，苏格拉底，大众的意见也不得不顾。当前的境 D
遇显然证明，他们能为祟，匪小极大，如蒙他们光顾一下。

苏　但愿大众既能作大恶，也会行大善，这还是有出息的。可是他们两不能；他们既不能使人智，又不能使人愚，他们一切都是出于偶然的冲动。

〔四〕克　随他们去。苏格拉底，请告诉我，你是否为我和其他朋友 E
顾虑，唯恐离开此地，告发的人要和我们过不去，说我们把你劫逃，
逼使我们破产或损失大量钱财，此外还要遭受其他不幸？若是怕 45
这一层，请置之度外；为了保全你，我们道义上应该冒此险，如必
要，冒更大的险。请受我劝，勿偏执。

苏　我顾虑这一层，克力同，也顾虑许多其他方面。

克　这一层不要怕。花钱无多，有人情愿救你，带你离开此
地。你晓得吗，那些告发的人多么贱，只需小数目就能买足他们？ B
我的钱听你支配，我想够了。你如果体恤我，不肯用我的钱，还有

外邦朋友在此准备慨然解囊。台拜坞斯的新谜亚士特为这事带来了充分银两，此外还有恺背士和许许多多别人，他们都准备齐了。我说，你不要为这一层畏缩而不想保全自己；也无需顾虑在法庭上
C 所说的话：拨动便不知何以自处。外邦有好多地方，你去，都会欢迎你；你如愿去啬他利亚，那里我有朋友，你会受尽青眼、得到保护，没有人与你为难。

〔五〕并且，苏格拉底，你此事处得不当，能保全自己，不保全而委之于仇人。你如此自处，正促进着仇家实现其志愿，他们正处心积虑、迫不及待地要毁灭你。此外，我觉得你是抛弃你子，你能教、养
D 他们，却弃家与世长辞。你如此自处，让他们听造化之迁流，遭其所遇，备尝孤儿苦趣，形影相吊。人不生子则已，既生，就要教、养，甘苦与共。你显得是选择最偷懒的道路，其实你应当选择君子和
E 大丈夫的道路，因为你一生尽说尊德性的话。

45 我为你耻之，为我们——你的朋友耻之。你这全盘的事都显得因为我们应付得怯懦而至于此：你的案件原可不上法庭而竟然
46 上了；再则审判的情况原不至于如此；最后，事态进展的绝大笑话：由于我们卑劣畏葸，交臂放过机会，我们不救你，你也不自救，救你和你自救，可能性俱在，只要我们稍为有出息。虑端详，苏格拉底，此事对于你和我们，不是又可耻又卑劣吗？快决定，没有时间再容你考虑，熟虑速决吧。一计！今夜一切必须举行。再踌躇，休想办。苏格拉底，必定受我劝，不要再执拗了。

B 〔六〕苏　亲爱的克力同，你的热肠很可贵，如果是根据正当的原

则，否则愈是热肠，愈难遵命。我们必须考虑此事该做不该做；我
为人不但现在，并且经常，只是服从理智，此外其他一切都不能牵
制我，经过深思熟虑。唯有理智最为可贵。我不能因目前的遭遇，
放弃以往的言论，以往的言论在我依然如故，我还是尊重它。在当 C
前的处境中，如不可得胜于以往的原则，请认清，我不会对你让步，
即使大众的淫威恐吓我们如小儿，加以比当前更强烈的恐怖，如坐
监、杀头、籍没等等。我们如何思索这问题最合理？是否先把你关
于意见的言论提出检查：每次都说有的意见必须注意，有的意见不 D
必，这话究竟对不对？或者在我必须就刑以前，这话说得好，现在
显然成了空言，儿戏的废话？克力同，我恳切要同你一起考察：我
们以往的言论在我当前的境遇中，是否显得两样了，或者依然如 46
故？我们辞而退之，或者延之上座，唯其命是听？我相信，言论被
公认为有意义的人经常说，有人的意见必须重视，有的不必，正如 E
我方才所指出的。藉神的名义，克力同，你不承认这话说得好吗？
就人的常情论，你没有明天死的恐怖，目前的不幸应不至于使你的 47
心思惛瞀错乱。不是所有人的意见必须尊重，有的要尊重，有的不
必，不是所有的意见都有价值，有的有价值，有的没有，——请检
查，这话是否对你显得有充分理由，是否说得好？你怎么想？

克　这话说得好。

苏　那么，我们要尊重好的意见，不尊重坏意见？

克　是的。

苏　好意见是慎思审虑者的意见，坏意见是愚夫愚妇的意见？

克　可不是。

B 〔七〕苏　来，对这事件我们可怎么说；做身体锻炼并从事体育的人注意所有人的意见和毁、誉呢，或者只听唯一的人，医生或教练员的话？

克　只听一人的话。

苏　那么，唯有一人的毁、誉能动他的休戚，大众的毁、誉则置若罔闻？

克　显然。

47 苏　动作、锻炼和饮、食、起居，必须服从那唯一专门导师的意向，他人的意见统同不必理睬。

克　是这样。

C 苏　好了，如果不服从那一个人，藐视他的意见之赞许与否，反而尊重非行家之大众的话，难道不会受害？

克　可不受害？

苏　什么害？害及何处，及于不服从者的什么部位？

克　显然害及身体，毁坏身体。

苏　你说得对。那么，克力同，其他不必全部细说，我们此刻
D 所关注的是非、善恶、荣辱等问题，是否应当惕息、倾听大众的意见，或者必须敬畏一人在行的意见过于所有其他的人？如果我们不听从内行人的意见，就会贻害那利于正、毁于邪的部分。或者毫不相干？

克　我想确有干系的部分，苏格拉底。

〔八〕苏　来，听从外行人的意见，毁了那个利于健康、不利于疾病
E 的部分，生命还有价值吗？那利于健康，不利于疾病的部分就是身

体，是不是？

克　是的。

苏　身体既毁，既成了废物，生命还有价值吗？

克　毫无价值。

苏　但是，毁了利于正，不利于邪的部分，生命是否有价值？
凡有关于邪与正，不论是我们的那一部分，你想这一部分不及身体 48
重要吗？

克　毫不比身体轻。

苏　比身体更有价值、更可贵？

克　远过于身体。

苏　那么，最可贵的朋友，我们丝毫不必考虑大众怎么质问我
们，只要注意那明辨是非邪正的一人和真理本身是怎么说的。所
以，你开端指错了方向：引进了大众的意见，认为关于是非、善恶、
荣辱的问题，要考虑大众的意见；固然可以说，大众能置人于死地。B

克　这是显然的，可以这么说，苏格拉底。

苏　你说的是实话。但是，可敬的朋友，我们此刻的结论对我显得仍然和以往的相同。且看，我们是否依旧服膺这句话：就是必须追求好的生活远过于生活。

克　服膺这句话。

苏　生活得好、生活得美、生活得正当是同一回事，我们服膺不服膺这句话。

克　服膺这句话。

〔九〕苏　那么，根据我们所同意的，必须研究，未经雅典人释放，企 C

图离开此地是否正当,正当,我们尽管做去,否则只好罢论。你所提关于花钱、损誉、儿子无依等等,确实只是大众的想法;他们易于
48 置人死地,若是能做,也易于起死回生,不动思虑,随兴所之。至于我们,在理性的约束下,除方才所同意的结论之外,不得虑及其他,
D 请问:赂人带领离开此地,或行贿得人之助以自逃,此举是否正当,或者做这些事确实是背理枉法。行这些事若是不正当,我们就不得计较留在此地静候死期以及其他任何悲惨遭遇,应当念念在于免行不义。

克　我觉得你说的对,苏格拉底;我们应当怎么办呢?

苏　好朋友,我们一起检查。你如有理由能驳我的话,就请
E 说,我肯接受你的;否则,载福的朋友,请你即刻停止累次对我重复的一套老话,力劝我背雅典人的意旨而擅离此地。我甚愿遵命行
49 事,可是我不能做违心的事。且看,我们检查的起点对你是否说得透彻了?请尽你的能事试答我的问题。

克　我要试。

〔十〕苏　我们是否说,无论如何都不许有意做错事,或者在某种情况下可做、某种情况下不可做?或者如我们以前多次所同意,绝不可做错事,既不正当,又不光彩?或者我们以前所同意的在这短短
B 几天之内一概推翻;唉,克力同,我们老年人以往长时间交谈,却不理会我们自己无以异于儿童吗?或者我们以往所说的最有力,不管世人赞许与否,不论我们必须受苦更重或较轻,做错事无论如何
49 总是坏的、可耻的?我们是否这么说?

克　是这么说。

苏　那么，我们无论如何都不可做错事。

克　当然不可。

苏　既然无论如何不可做错事儿，那么，世人所共许的以错还错也不可行。

克　显然不可行。 C

苏　好了，克力同，作恶可不可？

克　哪可，苏格拉底。

苏　那么世人所许的以恶报恶是否正当？

克　绝非正当。

苏　以恶待人和错待人没有差别。

克　你说实话。

苏　那么我们对人不可以错还错，以恶报恶，无论所遭受于人
者如何。注意，克力同，你承认这话，不要违背本心；我知道只有少 D
数人相信、能信这话。信与不信的人没有共同立场，他们只是各执
己见，互相轻蔑。所以，你要端详审度，到底你是否与我共此见解，
从此出发，即：无论如何，做错事、以错还错和将恶报恶以求免受害
于恶，通通是不对的；或者你不与我共此见解，不从此出发？我以 E
前相信这见解，如今仍然服膺这见解；你如果别有想法，请说，请见
教。若是依旧保持我们以往的见解，请听下文的话。

克　我保持我们以往共同的见解，请往下说。 49

苏　我往下说，毋宁问：曾同意做、而又是正当的事，是否必须做，或者可以背信负诺？

克　必须做。

50〔十一〕苏　从这些方面考虑：未得国家许可而擅离此地，我们是否负了最不应负的人——以恶对待他们了？我们践诺守信留在此地是否正当？

克　我不能答你的问，苏格拉底，我不明白。

苏　请由此着想：我正要逃出，或者用别的什么名目离开此地时，国家与法律来到我身旁，问我：“苏格拉底，告诉我们，你心想做
B 什么？你所图谋的事不是有意竭力毁坏我们——国家和法律——吗？你想国家还能存在、还不至于天翻地覆，如果法庭的判决不生效力，可以被私人废弃、取消？”克力同，我们怎么答复这话以及其他类似的话，有人，尤其是演说家，有许多话好说，关于违法——保证判决生效的法，他有得说的。或者我们质问他们说，国家冤我，
C 对我判决不公；我们可以这样质问吗？

克　藉帝士的名义，这正是我们所要说的，苏格拉底。

〔十二〕苏　怎么好，假如法律说：“苏格拉底，这岂不是你和我所同意的，同意遵守国家的裁判？”我若对他的话表示惊讶，也许他会继
50 续说：“对这话不必惊讶，苏格拉底，请答复，因为你惯于问答。来，
D 请问你对国家和我们有何不满，竟至于想毁灭我们？首先，你身不是由我们来的？你父不是通过我们娶了你母、生了你吗？请说，你对我们管理婚姻的婚姻法有什么不良处可指摘的？”

我说，没有什么可指摘的。“请说，关于诞生后的豢养与教育，你所受过的，我们管理这些事的法律指示你父教你音乐与体育，制
E 定得不好，指示错了吗？”“不错”，我答复。“好了，你既是我们所生、所养、所教，首先你能说你本身和你祖先不是我们的子息与奴

才吗？既是如此，你想你我应当平等，我们如何对待你，你就应当
如何报复我们吗？你和你父、你主（如果你有主）没有平等，不得以
所受的还报他们，不得以恶言语还恶言语，以拷打还拷打，以及所 51
有其他此类的报复。你想可以这样对待祖国和法律，如果我们认
为应当处你死刑，你就竭力企图毁坏、颠倒我们——国家和法律，
还要说这种行为正当，——你这真正尊德性的人竟至于此吗？你
难道智不及见：国之高贵、庄严、神圣，神所尊重，有识者所不敢犯，B
远过于父母和世世代代祖先？国家赫然一怒，你必须畏惧，对他愈
益谦让、愈益奉承，过于对父母；能谏则谏，否则遵命，命之受苦便
受苦，毫无怨言，——或鞭笞，或监禁，甚至负伤或效死疆场。令则
必行，无不正当，不得退避，不许弃职。不论临阵与上法庭，必须全 C
部遵行邦国之命。可谏诤以促进公议，不许强违意旨；如此对待父 51
母已是不敬，何况对待国家，更是大不敬了！”我们应当怎么答复，
克力同？法律所说是否实话？

克　我想是的。

〔十三〕苏　注意，苏格拉底，法律也许还要说：“如果我们说，这些
话是真实的，你此刻企图要对我们做的事就是不正当的。我们生
你、养你、教你，凡所能给其他公民的利益，都给你一份。此外我们 D
还预先声明给雅典人所欲得的权利：成年以后，看清了国家行政和
我们——法律，对我们不满，可带自己的财物往所欲往之地。国家
和我们不合你们的意，你们要走，我们没人拦阻，不会禁止你们带
自己的财物到所要去的地方，——或去殖民地，或移居外邦。可是
我们默认，凡亲见我们如何行政、立法、依然居留的人，事实上就是 E

和我们订下合同，情愿服从我们的法令。不服从者，我们认为犯三重罪：一、不服从所自生的父母；二、不服从教养恩人；三、不守契
52 约，既不遵命，又不几谏我们的过失，虽然我们广开言路，并不强制执行，——既不能谏，又不受命，两失其所当为。”

〔十四〕“我们认为，苏格拉底，你如果实行意中所图的事，便无所逃于这几层罪责，你的罪名不轻于，实际上重于所有雅典人。”我若问
B 何以然，他们也许就证实我和他们订约比所有雅典人都紧。他们
52 要说：“苏格拉底，我们掌握着强有力的凭据，证明国家和我们合你的意。你若不是喜欢我们过于所有其他雅典人，断不至于与此邦结不解之缘：除从军外，你一向不曾出国参观，无意了解他邦及其法律，不像他人，你从不旅行；我们和我国在你为意已足。你对我
C 们极其信任，同意作我国公民，受约束于我们。你生子于此，你对本国是满意的。你受审时，原可自认放逐的处分，今天也许如愿邀准去做此刻不许偷做的事。当时你却装面子，说当死则不忧不惧，宁死莫放逐。你不以当时的话为耻吗？你蔑视我们——法律，要毁坏我们——法律；你想逃，不顾和我们所订甘为守法公民的契
D 约，做最下贱的奴才所做的事。首先答复这问题：我们说，你言语与行为都和我们订下了甘为守法公民的契约，这是否实话？”我们应当怎么答，克力同？表示同意，或是振振有词？

克　必须表示同意，苏格拉底。

苏　他们要说：“你此刻做的不是践踏和我们所订的约吗？你
E 我定约时，我们对你不强、不欺，不逼你于短时间内决定，七十年之间，你尽可以走，如果我们不合你的意，或者合约对你显得不公平。

你经常称赞政、法修明的腊克戴蒙和克累提，以及希腊境内境外的 53
各邦，你都不想去，你比盲与跛和其他残废的人尚且更少出境。本
国合你的意过于其他雅典人，显然我们——法律——也合你的意，
法律以外，对于一国还有什么可满意的？你如今不想守约了？苏 53
格拉底，你受我们劝，就不至于逃亡而闹一场笑话。”

〔十五〕“仔细想，你行此犯法的错事，对己对友有何益处？很明显，B
你的朋友也要冒放逐的危险，剥夺公民权，乃至亡家破产。首先你
自己，若去一个最近的邦，如政、法修明的台拜坞斯或麦加拉，苏格
拉底，其英明政府视你如敌，其卫国人民加你白眼，认为你是法律
破坏者；况且你的行为愈足以加强审判官们的自信心，坚信对你判 C
断公允，因为毁坏法律者当然会被指为诱惑青年和愚瞽的人。你
是否不奔政、法修明的国家，不投最治理的人民；因失其亲，你的生
活还有价值吗？你仍去接近他们，厚颜同他们谈话吗，苏格拉底？
正如在此地与人谈谈尊德性、重公义、法律至宝、法律为贵，人生价 D
值莫过于此？你不觉得苏格拉底的事迹显得可耻？必然会觉得。
或者你漂泊远举，只奔畜他利亚去投克力同的朋友；那里乱无法
纪，也许有人爱听你逃监的笑谈，——化装，或披羊皮，或作逃亡者
其他打扮，以隐形变态，然而不会有人说你年老尽许余日无几，还 E
是如此贪生，贸然丧尽廉耻行此滔天犯法的事？或许没有人说，如
果你不得罪人；你若得罪人，苏格拉底，管保你要听许多扯你脸皮
的话。你只好依人偷生，趑趄嗫嚅，自齿于仆从之列。你到畜他利
亚，吃喝以外，有何作为？像是混酒肉去的。我们以前关于公义以 54
及其他德性的言论哪里去了？或者你为儿子想活，要把他们教、养

成人。这怎么办？把他们带到亹他利亚去教养，为异邦之宾，分享
你的福气？或者不把他们带去，你以为，他们不在你身边，有你活
着，所受教养总比你死去好？固然，你的朋友会照顾他们。难道你
B 去亹他利亚，他们为你照管，你去阴间，他们不为你照管？只要那
些自命为你友者稍有出息，我相信他们一定会为你照管。”

〔十六〕“苏格拉底啊，听从我们抚养你的人吧。不要顾惜儿子、性
命，以及其他一切，过于公义，使你到阴间时理直气壮，有词以对官
府。很明显，你做这事，无论在此界、彼界，对你与你友，都没有好
C 处，不会变为更正直、更圣洁。你去世，如是去世，总算含冤，不是
死于我们——法律，是死于人；你若无耻图亡，以错还错，以恶报
恶，践踏自己所订的合约，毁伤最不应该毁伤的人——你自己、你
的朋友、你的国家和我们，我们可要终汝之身对你怀恨；我们的弟
兄——阴府的法律——也不欢迎你，因为他们知道你想尽方法毁
D 灭我们。不要听克力同的话，受我们劝吧，苏格拉底。”

〔十七〕亲爱的朋友克力同，我仿佛真听见这些话，像崇奉渠贝垒女神的人在狂热中如闻笛声；这些语音在我心中不断回响，使我不闻其他的话。你要明白，此刻我方坚信这番话，你从旁聒聒，也是徒然。你如自信有能为力之处，就请说。

克　苏格拉底，我没有可说的了。

E 苏　那么，克力同，就这样吧，就这样办吧，这是神所指引
的路。

译 后 话

本篇以人名为篇名。克力同是苏格拉底的老友,在当时社会上有财力与地位的人。他是苏氏生平忠实的朋友,对哲学感兴趣,常和苏氏一起讨论,柏氏却把他描写成和蔼平庸、缺乏创造力的人。苏氏受审和受刑,他都在场,受审时力劝苏氏承认罚款,自己情愿出钱;受刑时自承为苏氏料理后事,还为他还一笔小债。

苏氏判决死刑以后,巧遇雅典宗教上的拜香(pilgrimage)时期,所以缓刑一个月,监候处决。相传每年政府派船载人去带洛斯(Delos)地方的阿波罗(Apollo)庙进香。向例,船开往与返期内不得行刑,如航程中遇风,行船慢,戒杀时期会拖得很长。苏氏是船开后一天判决的,所以必须等候船到方能执行。

这三十天内,苏氏的朋友常来探监,和他讨论问题,当然少不了克力同。一天清早,天还没亮,他提前来了,得了狱卒的特许,进苏氏牢中,看他睡得很酣,坐在旁边等候着。苏氏醒来,他才把船要到的消息说了。他此来目的非但报告消息,曾经几度劝苏氏逃监,苏氏不肯,现在时期已迫,所以赶早来再劝一遍,这是最后一次的劝。本篇就是他劝的话和苏氏说明不应逃的理由。

本篇目的在于描写苏氏的公民道德,虽受不公的判断,为了维护国法的尊严,情愿牺牲自己的性命。他的主要论点:第一步,在个人的道德上，必须纠正寻常以怨报怨的见解。假设国家是个人，于他有怨，他也不得以怨报之，换句话说，国家对他的判断虽然不公，他总不得以逃亡的手段报复。第二步，在公民的责任上，国家对个人即使有不公处，个人也要忍受，不得随便反抗。国家的威信重于个人的曲直，国家行政与司法必须维持一致的效力，只好以个人迁就国家，不得以国家迁就个人。

本篇可分四段：(一)绪论(43A—44B)。(二)克力同劝苏氏逃亡的话(44C—46A)(三)苏氏初步的答复(46B—49E)(四)苏氏进一步的答复(50A—54E)。

第一段可分两层：(一)克力同报告船要到的消息；(二)苏氏述梦，断定今天船到不了，明天才到。

第二段可分三层：(一)苏氏含冤死去，旁人要笑克力同重财轻友，舍不得花钱救友的命。(二)克力同为苏氏解决疑难问题：(甲)不必顾虑累朋友破财与冒险，钱有的是，冒险是应该的；(乙)不必愁无处可去，啬他利亚等地都有克力同的朋友，能招待他。(三)死去就是抛弃儿子，有亏父职。

第三段可分六层：(一)关于一切事都有两种意见，大众的意见和内行人的见解；(二)内行人的见解值得听从，大众的不值得听从，前者有益，后者有损；(三)关于生活的事，听大众的意见，必定受害。(以上三层是答复克力同怕大众讥笑重财轻友的话。)(四)生活非紧要，生活得好最紧要；生活得好就是生活得正当；不正当的生活不值得。(五)我们的问题在于逃亡是否正当，其他物议可以不顾。(六)以恶报恶是不对的，因为无论在何种情况下，恶总是恶，作恶绝对不可。(以上三层说明(甲)逃亡以后的生活没有价值,(乙)不得以逃亡的手段报复国家对他不公的判断。)

第四段发挥公民的本分,借法律的口气说出,可分七层:(一)公民是国家所生、所养、所教,国家之于公民等于父母之于子女;(二)国家的地位高于父母,对父母不可用报复的手段,对国家更不可。(三)公民对国家有履行契约的责任。苏氏和国家所订的契约最紧,因为他一生不曾离开雅典,在七十年的长时期内,对雅典并没有不满的表示(若有不满,原有脱籍他徙的自由),一旦背约窃逃,实在不可。况且在法庭上已承认审判的结果,这又是定约的证据;订约后转瞬背约,更是荒谬。(四)若论利害,逃亡于己于友都无益处,害友犯罪,乃至亡家破产,而自己所去处,唯有受人奚落,余生永无扬眉吐气之日。(五)逃亡中也不能教养儿子,况且死后朋友们自能为他照管。(四五两层是补答第一段克力同的话。)(六)这样死去总算含冤,到阴间见审判官有话可说;假若逃亡,他日入地,也成一个犯法的鬼囚。(七)声明心中只听见法律所说的这些话,谢绝克力同的劝。

译名对照表

本表收译音词人名、地名(全部)和译义词术语、一般词语(小部分),按汉语拼音顺序排列。圆括弧内,/号前后为希腊文、英文,//号后酌附俄文、法文(巴斯蒂安本);英译不尽相同,分别附出处,J. 指周厄提本,C. 指丘奇本,F. 指福勒本,L. 指利文斯顿本,W. 指伍德海德本。括弧后是词目出处,指斯特方版页码和栏次,见正文外侧。

[A]

阿力斯同之子阿逮满托士 (’Αδείμαντος ὁ Ἀρίστωγος / Adimantus, son of Aristo//Адимант, сын Аристона/Adimante, fils d’Ariston〔B. 38〕) 34A 柏拉图的哥哥。

又译:阿德曼特,见朱光潜译《文艺对话集》(柏拉图著)第367页,北京人民文学出版社,1980年;哀地孟德,见吴献书译《理想国》(柏拉图著)第1页,商务印书馆,1929/57年;爱登曼图,见严群《柏拉图》(全274页)第220页,上海世界书局,1934年。

阿里司徒放内士的喜剧 (’Αριστοφάγους κωμῳδίᾳ/ the Comedy of Aristophanes//Комедия Аристофана / la comédie d’Aristophane〔B. 10〕)19 C 剧本《云》。

又译:阿里斯托芬。

阿普漏兜洛士 (’Απολλόδωρος / Apollodorus)34A,38B 埃安透都洛士的弟弟,出席苏格拉底审判会。

又译:阿波罗杜罗,见吴寿彭译《政治学》(亚里士多德著)第470页,商务印书馆,1981年。

阿伽门农（'Αγαμίμνων / Agamemnon）41B 图垒阿之役希腊大军的统帅。

埃安透都洛士（Αἰαντόδωρος / Aeantodorus）34A。

埃比更内士（'Επιγέγης / Epigenes）33E。

埃斯幸内士（Αἰσχίνης / Aeschines）33E 安提丰之子。

又译：艾斯其纳，见贺麟、王太庆等译《哲学史讲演录》（黑格尔著）2：392。

埃阿恪士（Αἰακὸς / Aeacus）41A。

爱伊阿士（Α ἴας /Ajax）41B 荷马《伊利亚特》希腊方面的英雄。图垒阿战争参加者。凯旋归途，船沉遇难，为海神波塞冬所救。但他抱住岩石，夸口要自己挣扎逃生。波塞冬一怒之下，以三叉戟把他连人带石粉碎掉，所以苏格拉底说他屈死。

爱国志士（φιλόπολις/patriot；the patriotic〔F. 91〕，true lover of his country〔L. 16〕）24B 迈雷托士。

又译：爱国者，见张师竹、张东荪译《柏拉图对话集六种》第 43 页，商务印书馆，1933 年；郭斌和、景昌极译《柏拉图五大对话集》第 12 页，商务印书馆，1934 年。

爱智之学（φιλοσοφία/philosophy）28E，29C。又译：哲学。

爱智求知者（φιλοσοφύντων/the philosophers）23D。又译：哲学家。

安非朴里斯（'Αμφιπολις/Amphipolis）28E。

又译：安非波利斯，见《世界通史》2：1270；安非玻里，见谢德风《伯罗奔尼撒战争史》（修昔底德斯著）地图 1。

安匿托士（'Ἀνυτος/Anytus）18E 苏格拉底案原告。

又译：安尼士，见郭译 15；安尼陀，见张译 53。

安那克萨哥拉士（'Αναξαγόρας/Anaxagoras）26D 苏格拉底的老师。

又译：阿那克萨哥拉斯。

安提丰（'Αντιφῶν/Antiphon）33E。

[B]

巴里安人（Πάριος/Parian）20A 巴洛斯岛（Πάρος/Paros）人，该岛位于爱琴海。

又译：巴罗人，见何宁译《西方名著提要。哲学社会科学部分》（汉默顿编，416页）第7页，商务印书馆，1963年。

柏拉图（Πλάτων/Plato）34A，38B 苏格拉底审判会旁听者。

邦人（ἀστός/citizen）23B。

背誓（ἐπιορκος/breaking the oath）35C。

本质[1]（ε ἶδος/essential form [C. 11]，essential aspect [F. 23]）6D。

本质[2]（οὐσια/essence [F. 41]，true nature [W. 18]）11A。

辩诉（δίκη/defending）3E

不敬虔/慢（ἀνόσιος/unholiness）4E，8A。

又译：不敬，见张译7。

不信神（Θεοὺς μὴ νομίζειν/not to believe in the gods〔F. 89〕having no gods〔L. 15〕//богов не признает）23D，27A 苏格拉底受控的一条罪状。

[C]

残废的人（ἀνάπηρος/the cripple〔F. 185〕，the maimed〔L. 67〕）53A。

又译：残疾之徒，见郭译55。

成年之后（ἐπειδὰν δοκιμασθῇ/when he has become a man [F. 181]，when he shall have passed the examination [Kitchel，159]，after a mature examination [Johnson，30]）52D 雅典青年十八岁后接受考核，二十岁上载入本区户籍才算公民，所谓"成年"即指此。

谶语（μαντεῖος/oracles）33C，神谶 21C。

崇奉渠贝垒女神的人（κορύβας/corybantic worshipper; the worshipper of Cybele; the priests of Cybele [Johnson，37]）54D。

又译：开比耳祭场上之人，见张译96。

崇奉新神（νομίξει ἕτερα δὲ δαιμόνια καινά/to believe in other new spiritual beings〔F. 9〕//призиает цругие，новые божества/d'introduire de nouvelles divinités〔B. 19〕）24C，26B。

创造者（ποιητής/a maker）3B 迈雷托士控告苏格拉底引进外邦人所信仰的神，制造新神（καινοὶ θεοί/strange gods [J. Burnet，150]），是神的创造者。

楚士（Ζήν 诗歌用语，即 Ζεύς）12A。

[D]

答辩(ἀπολογεῖσθαί/to defend) 18A。

大王 (μέγαν Βασιλέα/the great King of Persia//великий царь/le grand roi 〔B. 52〕) 40D。

大众的意见 (τῆζτῶν πολλῶν δόξης/the opinion of the public) 44D,47D。

戴里恶斯 (Δηλίον/Delium) 28E 地名,在维奥蒂亚(Boeotia/Voiotia)。

又译:德里阿木。见翦伯赞编《中外历史年表》69;德利欧,见《哲学史讲演录》2:47;狄利俄斯,见《世界通史》2 地图 4。

戴达洛士 (Δαίδαλος/Daedalus) 11C 神名,巧匠。苏格拉底本是雕刻匠,攀附神话传说上的这位能工巧匠为自己的祖先。

又译:代达罗斯。

带洛斯 (Δῆλος/Delos//Делос) 43D 爱琴海上基克拉迪群岛(the Cyclades)一岛名,位于希腊东南。公元前 478 年,雅典在这里召集希腊各国组成同盟以对抗波斯。雅典城邦每年派人到此献祭,"圣船"航期为斋期,禁止施刑。苏格拉底判刑时正值圣船航期。

又译:提洛,见《世界通史》2;底罗岛,见《中外历史年表》61;提诺斯,见《世界地图册》第 34 页,1972 年。

带勒弗伊 (Δελφοί/Delphi//Дельфы) 20E 地位,位于希腊中部巴纳斯山脚的 Phocis,有著名的阿波罗神庙。庙匾即名句:认识你自己。海勒丰到此求谶问圣。

又译:特尔斐,见何译 7。

担保人 (ἐγγυητής/surety) 38B。

德性/德 (ἀρετή/virtue/доблесть//la vertu 〔B. 46〕) 35A, 38A, 45D, 品德 18A。

邓漠豆恪士 (Δημοδόκος/Demodocus) 33E。

笛 (αὐλός/flute) 54D。

吹箫的人 (αὐλητήρ/a flute-player//флейтист/joueur de flute) 27B。

帝士 (Δίς, Ζευς/Dis) 8B,42B,50C 希腊神话上的主神。

都拉马 (δραχμή/a drachma) 26E 希腊货币单位,约等于银四钱,合六个欧布尔(ὀβολός)。

又译:德拉克马,见《各国货币手册》第 230 页,财政经济出版社,1975 年。

都府卫城 (ἀκρόπολις/the Acropolis) 6C 即雅典卫城,原意指高地城阁。

多数党的同志 (πλήθει ἑταῖρος/comrade of [your] democratic party [F. 81],……partisan …… democracy [W. 36]//ami de la plupart 〔B. 137〕) 21A。

兑换摊 (τράπεζα/the bankers' tables [F. 71], the counters [Tyler, 101] the tables of the money-changers [Burnet, 71]) 17C。

又译:钱铺,郭译 4;钱店,张译 35。

[E]

恩主 (εὐεργέτης/a benefactor 〔F. 129〕//bienfaiteur 〔B. 44〕) 36B。

[F]

罚款 (χρήματα/fine) 37C, 38B。

犯罪者 (ἄδικος/a wrongdoer) 8D。

法庭 (δικαστήριον/court //суд/un tribunal) 5C, 17D 苏案由陪审法庭(ἡ ἡλιαία/Heliaea/the heliastic court) 审理。梭伦改革后,公民大会有权召开这样的会。

法律 (νόμοι/law) 54C。

反驳 (ἔλεγξις/a refutation [J.]) 21C 暴露 (ἐλέγχω) 39C 柏拉图早期对话中苏格拉底所使用的手段,柏拉图早期辩证法的内容,名词为 ἔλεγχος/elenchus。

又译:提出异议(21C),见《西方哲学原著选读》上 66;揄(39C)见郭译 32。

父 (πατηρ/father//отец/père) 33D。

弗替亚（Φθία/Phthia）44B 肥沃的弗替亚，引自荷马《伊利亚得》9∶363。

[G]

概念（ἰδέα/form [W. 10;C. 11],aspect [F. 23]）6E。

郜吉亚士（Γοργίας/Gorgias）19E 修辞学家，唯心论哲学家。

又译：高尔吉亚；高吉阿斯，见朱译368；哥期亚，见何译7。

公民（πολίτης/citizen）20B。

寡头政体（ὀλιγαρχία/the oligarchy//олигархия/oligarchie〔B. 35〕）32C 公元前404年，三十僭主建立寡头政府，派五人，包括苏格拉底、迈雷托士等前去抓赖翁。

鬼神（δαίμων/divine being;spiritual being）27C。

贵与贱（καλός και αιαχρός/noble and base [W. 12] n. and disgraceful [F. 27]）7DE。

国家（πόλις/the state）50B。

雇佣（θητεία/a servant〔J,317;F. 31〕）9A，（ἐθήτευεν/a hired workman〔F. 15〕）4C。

蛊惑（διαφθείρει τούς νέους/to corrupt）23D,24B,26B,33A。

[H]

哈拉（Ἥρα/Hera）8B 神名，宙斯之妻，即神后、天后、诸神之母。

又译：赫拉，见楚图南《希腊的神话和传说》(斯威布著)1∶27，北京人民文学出版社，1978年；海拉，见严群《泰阿泰德·智术之师》(柏拉图著)第218页，商务印书馆，1963年。

海赖克类士（Ἡρακλεις/Heracles）4A 希腊神话故事人物。罗马神话称为Hercules 海格立斯。

又译：海拉克类士，见严译218；赫剌克勒斯，见楚译840。

海勒丰（Χαιρεφών/Chaerephon//Херефонт/Chéréphon）20E 雅典政治家，属多数党(民主派)，反对三十僭主寡头政府。

又译：查烈芬，见张译39；齐莱芳，见郭译8。这一句张译作：意者公等必知有查烈芬其人者，幼年即与吾相识，亦属公等之党，且与公等同时亡命而又同得归国；郭译作：齐莱芳者，尝与君等同被迁谪。余之故人亦君等之友也。

海战（ναυμαχία/the naval battle//combat naval des Arginuses〔B. 55〕）32B 公元前 406 年，雅典海军由十大将指挥，大败斯巴达舰队于阿吉纽西群岛之役。

好人（ἀγαθός/the good）25C。

好艺人（οἱ ἀγαθοί δημιουργοί/the good artisans//les artistes〔B. 17〕）22D。

贺梅洛士（Ὅμηρος/Homer）34D，41A 引句见《奥德修纪》19：163.

又译：荷马；侯梅洛士，见严译 218。

赫细欧铎士（Ἡσίοδος/Hesiod）41A 希腊诗人，稍后于荷马，著长诗《农作与日子》《神谱》。

又译：赫西俄德，见《辞海》。

赫克多拉（Ἕκτωρ/Hector）28C 荷马《伊利亚得》英雄。为阿基利（Ἀχιλλεὐs/Achilles）所杀。众神分为两派，各支持一方，勒托（Λετο/Leto）和阿波罗母子俩支持特洛伊城赫克多拉一方，因此，赫克多拉临死时预言阿波罗会为他之死复仇，后来果然应验。

又译：赫克托耳，见楚译 840、494。

赫费斯托士（Ἡφαίστος/Hephaestus）8B 火神，铁匠。

又译；赫淮斯托斯，见楚译 840、119。

呼拉大蛮叙士（Ῥαδαμανθυs/Rhadamanthys）41A 希腊神话故事人物，阴间判官，以判案公正名闻。他制定法律，凡正当防卫致人死命者可免死刑。

又译：刺达曼堤斯，见楚译 147。

护国女神大节日（μεγάλοις Παναθηναίοις/the great Panathenaea；…… Panathenaic festival［C. 11］）6C 希腊智慧女神雅典娜是雅典城的守护神，祭祀雅典娜的节日即护国女神大节日，每四年举行一次。

[J]

家奴（οἰκέτης/a house-slave，a domestic servant〔J. 311〕）4C。

将军（οἱ στρατηγοί/generals）14A。

教练员(παιδοτρίβης/a trainer//учитель гимнастики/bien maitre de gymnastique〔B. 68〕) 47B。

教人 (παιδεία/to teach people) 19E。

经常暗示于我的朕兆(εἰωθὸς σημεῖον/the accustomed sign//привычное знамение/le signe accoutumè〔B. 52〕) 40C。

经常降临的神的音旨 (ἡ τοῦ δαιμονίου/the customary prophetic monitor〔F. 139〕the divine faculty of which the internal oracle〔L. 45〕//голос/la voix prophétique du démon〔B. 51〕) 40A。

又译:灵机,见贺译 2:85。

监牢(τό δεσμωτήριον/prison) 43A 逃监 53D 凿山岩而成的牢房,位于普倪克斯(Πνύξ/Pnyx)和市场附近。苏格拉底被囚于单人室,后称"苏格拉底囚室"(见北京《文物天地》月刊 1982 年六月号第 22 页),陶行知参观后赋诗纪念,他称为"石牢"。

居心仁慈 (Φιλανθρωπὶα/love of men) 3D。

[K]

卡利亚士 (Καλλιας/Callias) 20A。

开非索斯的安提丰 ('Αντιφῶν ὁ Κηφισιεὺς/Antiphon of Cephisus) 33E。

又译:安提芳,见郭译 26。

凯恶斯的普漏迪恪士 (Πρόδικος ὁ Κεῖος/Prodicus of Ceos) 19E。

又译:克屋之波罗第扣斯,见张译 38。

恺背士 (Κέβης/Cebes) 45B。

克累提 (Κρήτη/Crete) 52E 地中海一岛名,位于爱琴海南,著名古国。

又译:克里特,见《世界地图册》;克瑞忒,见楚译 826。

克力同 (Κρίτων/Crito) 33D,38B 雅典富裕公民,苏格拉底友人。

又译:克利托,见张译 77;克利陀,见郭译 43;克里托,见何译 12。

克力透布洛士 (Κριτοβούλος/Critobulus) 33E,38B。

克拉德衬门耐的安那克萨哥拉士的书 ('Αναξαγόρ ου Βίβλος τοῦ Κλαξομενίου/the books of Anaxagoras the Clazomenian/the rolls of…) 26D。

又译:纳沙戈氏所著书,见郭译 17。安书只有一种。辛普里丘(Simplicius)提到见过该书单独第一部分。此处书(B.)是多数,有人认为宜译为卷轴(roll)以相应,见柯克等(G. S. Kirk and J. E. Raven)编《苏格拉底前哲学家》(Tht Presocratic Philosophers,第365页,剑桥大学出版社,1957/81)北京大学(1981)上海复旦大学(1957)图书馆藏。

库漏诺士(Κρόνος/Cronus)8B 希腊神话人物,宙斯的父亲。

又译:克洛诺斯。

苦工(πόνος/Herculean labours〔F. 85〕 pilgrimage〔Tredennick,25〕)22A。

考察(ἐξέτᾰσις/inquisition [J.] investigation [F. 87])22E,考问 23C,省察 41B 苏格拉底的活动方式。

又译:查访活动,见《西方哲学原著选读》上 67。

[L]

腊克戴蒙(Λακεδαιμων/Lacedaemon)52E 伯罗奔尼撒岛上的城市,又称斯巴达。

又译:拉栖第梦,见《世界通史》2:1288。

老师(διῐδάσκᾰλος/teacher)5B。

赖翁(Λέον/Leon)32C。

赖安庭偌斯的郜吉亚士(Γοργίας ὁ Λεοντῖνος/Gorgias of Leontini)19E 西西里岛修辞学家。

灵异的事(θαυμάσιος/a wonderful thing〔F. 40〕,a w. circumstance〔45〕//поразительное/chose d'extraordinaire〔B. 51〕)40B,更新奇的事(θαυμασιώτερα/more w. things)6B。

理智(λόγος/reason)46B。

理事团(πρυτανεία/the prytaneia; presidency//пританы/les prytanes〔B. 55〕)32B 雅典城邦政权组织,由每族(φυλή/tribus)选出的五百人元老院轮流组成,每团五十人,任期 35 天。

吕康(Λύκων/Lycon)23E,36A 苏案原告,政治家,反对三十僭主。

吕桑尼亚士(Λυσανίας/Lysanias)33E。

绿概安(Λύκειον/Lyceum)2A 苏格拉底常去的日神庙、体育场。

又译:吕克昂,见吴寿彭:亚里士多德传,收于《社会科学战线丛书·哲学史论丛》433。

伦理的（ἠθικός/ethical）43A

[M]

马虻/马蝇（μὕωπός，μύωψ/gadfly，horse-fly//овод/un éperon〔B. 32〕马刺）30E 苏格拉底自譬他之于雅典城邦犹如马虻之于马，刺激马，不使之怠惰。

又译：马背上之虻蝇，见张译 53；飞蝇，见郭译 22；牛虻，见陈修斋译《西方哲学原著选读》上 69。

马术师（ἱππικός/the horse-trainer）25B，知马的人 13A。

麦加拉（Μεγαρα/Megara）53B 距雅典不远的城邦，位于希腊本部和伯罗奔尼撒半岛间的地峡东侧。

迈雷托士（Μέλητος/Meletus）2C 苏案原告，诗人。其名，按词义，源于 μελητε(注意，关心)。苏格拉底借此双关，指出并证明："关心"君实不过伪装关心青年、信仰这类事(见 24C)。

又译：买类托士，见严译 219；梅勒士，见郭译 15，梅赖陀，见张译44。

慢/为敬虔（ἀνόσιον/unholiness）4E。

盲（τυφλός/the blind）53A。

梦（ἐνύπνιον/dream）33C，44B。

谜（αἰνίττορμαι；αἶνιγμα/riddle）21B。

命诺士（Μίνως/Minos）41A 克累提国王，死后在阴间任法官。

又译：弥诺斯，见楚译 826。

命那（μνα/mina）20B 希腊货币单位，合一百个都拉马。叶卫诺士收学费五命那。苏格拉底只能支付罚款一命那(38B)。他一贫如洗(23C)。他说过：我想我的全部财货和牲畜，包括房子在内，可能不难卖上五命那(见色诺芬《经济论》第二章)。

又译：敏纳，见《西方名著提要》12。

母（μήτηρ，μᾱτηρ/mother）神母 28C 阿基里的母亲是海洋女神特提士，文中称他有神母，英译一作 his m.，a goddess (W. 48)。

又译：仙母，见郭译 19，称为"其仙母"。

母赛恶士（Μουσαί/Musaeus）41A 希腊传说上最早的吟游诗人，今传其诗皆后世所附会。

又译：缪撒欧。

[N]

纳克索斯（Νάξος/Naxos）4C 岛名，属于爱琴海中基克拉迪群岛。

匿寇斯徒拉托士（Νικόστρατος/Nicostratus）33E。

农夫/农人（γεωργός/farmer；husbandman）14A，2D。

奴仆/奴才（δοῦλος/servant；slave）13D，50E。

又译：奴隶，见《政治学》494。

[O]

欧迪细务士（'Οδυσσευς/Odysseus）41C 希腊传说人物，英雄。罗马神话中称为尤利西斯（Ulysses）。

又译：奥德修，见杨宪益《奥德修纪》上海译文出版社，1979年；奥德修斯，见《辞海》。

欧尔费务士（'Ορφευς/Orpheus）41A。

又译：俄耳甫斯，见《辞海》；奥菲士。

欧令皮亚场（'Ολυμπῖα/the Olympic games，Olympia）36D。

又译：奥林匹克运动会。

欧兰诺士（Οὐρανός/Uranus）8B 希腊神话上的天神，词义是天穹；他的妻子该亚（地）是他自己的生身母亲，生下提坦神族。

又译：乌拉纽斯，见《辞海》；乌拉诺斯。

[P]

帕阑昧底士（Παλαμήδες/Palamedes）41B 希腊传说故事人物，瑙普利俄斯的儿子，又智慧著称，奥德修挟私仇陷害他，苏格拉底说他屈死。

又译：帕拉墨得斯，见楚译826、594。

帕拉洛士（Πάραλος/Paralus）33E。

帕徒娄苦洛士（Πατρόκλος/Patroclus）28C 荷马《伊利亚得》中希腊方面的英雄，阿基里斯的密友，死于赫克多拉手下，阿基里斯为之报仇。

又译：帕特洛克罗斯，见楚译 826、441。

平民（ὁ ἰδιῶτης/a private person〔F. 141〕，a private mqn〔L. 46〕//простой человек/un simple particulier〔B. 52〕）40D。**私人**（οἱ ἰδιωταί/individuals〔J.〕，private persons〔Tredennick 64〕//частное лнцо/simples particuliers〔B. 74〕）50B。

朋友（φίλος/friend）14A。

辟提亚（Πυθία/the Pythia [F. 81]，the Pythian priestress [W. 36]，the priestress [C. 42]）21A 阿波罗神庙女巫。Δελφοὶ 这地方旧名辟托（Πυθώ/Pytho），本是一条蛇的名字。阿波罗杀死这条蛇后，此地立庙祭祀阿波罗，庙里的女巫即称辟提亚。

又译：培仙庵之女巫，见郭译 9；毕地亚之女巫，见张译 40。

普吕坦内安（πρυτανείον/the prytaneum//Пританей/prytanée）36D 雅典城中心一建筑，有功于城邦的将领，赢得荣誉的体育健将等在这里受接待。

又译：公馆，见郭译 29；优待馆，见张译 60；迎宾馆，见《西方名著提要》12。

普娄提务士（Πρωτεύς/Proteus）15D 希腊神话故事中海上老人，善变。

又译：普洛透斯，见楚译 837。

普漏迪恪士（Πρόδικος/Prodicus）19E。

又译：普若第库斯，见朱译 369；普罗蒂克，见何译 7。

浦提戴亚（Ποτιδαία/Potidea）28E 地名，在哈尔基迪（Chalcidice），苏格拉底在伯罗奔尼撒战争开始时，参加了在这里的战役。

又译：波提代亚，见《哲学史讲演录》2：46；波替底亚，见何译 10。

[Q]

起诉（Διώκω/prosecuting）3E，4A 本字原义有追赶（禽兽）的意思。苏格拉底听游叙弗伦说他起诉、告状、追赶，就语带双关，问他追赶能走的兽，还是追赶会飞的禽。有的译为：你追赶不能抓到的吗？他有翅膀吗？（见《柏拉图神学对话集》119）

契约（ἡ ὁμολογία/compacts and agreements）52A,52D。

虔敬（ὅσις/holiness）4E,8A。

亲戚/亲属（οἱ οἰκεῖοι/a relative；οἱ προσήκοντες/kinsfolk〔F. 121〕,kinsmen〔L. 33〕//родственник/parents〔B. 37〕）3B,33D。

青年（νέος/the young）24B,青年们（οἱ νέοι/the young men）福气大 25B,有闲青年 23C。

渠贝垒女神（Κυβέλη/Cybele）54D。

犬（Κύων/the Dog；the dog-star）21E,指犬为誓,指天狗星为誓。猎户星座中的天狗星（ὁ Σείριος）,拉丁文为 Sirius,希腊文为 Κύων σείριος,或简写为 Κύων,冬夜特别明亮。

〔R〕

人（ὁ ἀνθρώπος；οἱ ἄνθραποι/man；menkind）8E,世人（human beings）23B。**仇人**（οἱ ἐχθροί/enemies//враги/les ennemis〔B. 65〕）45C。

〔S〕

萨冷密斯人赖翁（Λέον ὁ Σαλαμίνιον/Leon the Salaminian//Саламинец Леонт/Léon le Salaminien〔B. 35〕）32C 萨冷密斯是岛名,距雅典不远。

又译:萨拉密岛(地名)里翁(人名)。

三十巨头（οἱ τριάκοντα/the Thirty//тридцать тиранов/les Trente〔B. 35〕）32C。

又译:三十政客,见郭译 24。

声望（τιμή/honour）35B。

啬他利亚（Θετταλία/Thessaly）53D。

又译:帖撒利亚。

杀人凶犯（φόνος/murder）4D,（ἀνδροφόνος）9A。

善与恶（καί αγαθos καί κακαόs/good and bad）7DE。

神[1]（Θεός/god）3B,5A,16A,54E。

又译:天意,见郭译 57（即 54E 处）。

神[2]（δαίμων/the divine monitor; prophetic monitor）3B,31C－D,40AB 苏格拉底指降临于他，给他指示的神。

又译：魔鬼，见何译 9。

神之所恶（θεομισής/hated of the gods）9C。

神之所命（Θεία μοῖρα/a divine dispensation [W. 55], the divine will [C. 64]）33C。

神所喜者/神所好者（Θεοφιλὲs/One what is dear to the gods）9C,11A。

神巫（Θεόμαντιs/the prophets）22C。

神的朕兆（Θεοῦ σημειôν/divine sign）40B。

神的子女（Θεῶν παίδεs/children of gods//дети богов/des enfants des dieux〔B. 26〕）27CD。

省察（ἐξετάζω,ἐρευνῶ;ἐξετάζοντα καὶ ἐρευνῶντα/questioning and cross-examining [W. 65], examining and investigating [F. 143]）省察他人 41C，省察自己和他人 38A，检察自己，检察他人 29A 苏格拉底认为最有趣有益的活动，也即哲学爱智的活动。

又译：察考，见张译 65。

审判官（δικαστήs/judge）18A,35C,53B。

诗人（ὁ ποιητήs/the poet）12B 阿里司徒放内士。

手工艺人（χειροτέχνηs/the hand－workers [F. 85], a handicraftsman; the craftsmen [W. 38]）22D。

又译：美术家，见郭译 10；工技家，见张译 41；手艺人，见何译 7。

艺人（ὁ δημιουργόs/the artisans〔L. 15〕//ремесленик/les artistes〔B. 19〕）23E。

十大将（δεκά στρατηγόs/the ten generals）32B 负责雅典舰队，指挥阿吉纽西群岛之役海战，大胜斯巴达的十大将领。后，六个将军被判处死刑。

市场（ἡ ἀγορά/the agora; the marketplace [F. 71] the Marsket [J.]）17C 在卫城西北脚。

是与非（δίκαιοs καί ἀδικία/just and wrong）7DE。

庶民政治（δημοκρατία/the democracy//le gouvernement démocratique〔B. 35〕）32C。

又译：民主政治。

守监者（ὁ τοῦ δεσμωτηρίου φύλαξ/the warder [Burnet,175]）43A。

又译：狱吏，郭译 38；狱卒，见张译 77。

数（ὁ ἀριθμός/a number）12C。

死刑（Θάνατος/death）39C,32,36B。

宋尼安（Σουνίον/Sunium）43D 地名，位于希腊南部阿提刻最南端。

水仙姑（ἡ νύμφη/nymphs//нимфа/nymphe）27D。

又译：宁芙，山林水泽女神。

[T]

泰拉孟（Τελαμῶν/Telamon）41B 荷马《伊利亚得》希腊方面的英雄，萨冷密斯国王。

唐他洛士（Ταντάλος/Tantalus）11E 希腊神话人物，国王，拥有巨额财富。受到宙斯惩罚。

又译：坦塔罗斯，见《辞海》。

体育（课）（ἡ γυμναστική/gymnastics//гимнастика/la gymnastique 〔B. 75〕）50E。

特提斯（Θέτις/Thetis）28C 希腊神话中海洋女神。

又译：忒提斯。

提坞豆托士（Θεόδοτος/Theodotus）33E 他的兄弟出席苏案公审大会。

又译：忒俄多特。

提坞时提底士（Θεοζοτίδης/Theozotides）33E 他的儿子出席苏案公审大会。

台拜坞斯（Θηβαίs/Thebes）45B,53B 希腊中部地区，南与阿提刻相邻。

又译：忒拜，见楚译 238；底比斯；提佛，见《世界地图册》。

同志（ἑταιρος/comrade [F. 81], friend [L. 10], patisan [W. 36]//друг/ami 〔B. 13〕）21A。

又译：友，见郭译 8。

徒力普透冷莫士（Τριπτόλεμος/Triptolemus）41A 希腊神话故事人物。

图垒阿（Τροία/Troy//Троя）41B 城名 位于小亚细亚西北角，著名战场，毁于希腊联军的征伐。建城者是国王 Tros（特洛斯），城因名 Troad, Troy（特洛斯之城：特洛亚、特洛伊）。后，其子 Ilus/Ilos(伊罗斯)，增筑城堡，地因名'Ἴλιος,'Ἴλιον/Ilios,Ilium(伊罗斯之城:伊利翁)。两名实指一地。荷马史诗'Ἰλιὰs/Iliad(伊利亚特:伊利翁城之歌)描写当年著名战争。

又译:特洛亚。

[W]

外邦人(ξένοs/fo reigner,stranger) 23B 35B 没有雅典公民权的人。

王(βασιλεύs/the King,the king archon) 2A 希腊官员职称,雅典九执政官之一,负责宗教事务。位居首席执政官(ὁ Ἄρχων)之下,军事执政官(ὁ Πολέμαρχos)之上,三者又高于余下六位司法执政官(οἱ Θεσμοθέται)。

王宫(ἡ Βασίλειοs στοά/the archon's porch;the King's Portico) 2A 负责宗教事务的祭仪执政官办公地方。

未经省察的人生(Βίos ἀνεξέταστos/the unexamined life;a life which is not qusetioned [Dover,114]//без исследования и жизнь/une vie sans examen n'est pas〔B. 46〕) 38A。

又译:人生而不加省察,见郭译 30;不经省察之生活,见张译 62。

未卜先知者(μάντιs/soothsayer [F. 11],seer [W. 5]) 3E 苏格拉底指游叙弗伦。

又译:预言家,见张译 4。

无知(ἀμαθία/ignorance) 29B。

无神论(ἄθεos/godless) 26C。

无心地(ἄκοντι,ἀέκουτι/involuntarily) 25D。

[X]

希朋匿苦士('Ιππονίκοs/Hipponicus) 20A。

希皮亚士('Ιππίαs/Hippias) 19E。

又译:喜皮亚,见何译 7。

喜剧作家(ὁ κωμῳδο-ποιοs/the comic poet) 18D。

闲暇(ἡ σχολή/otium/leisure//досуг/losir) 23C,36D。

亵慢(Τὸ ἀνόσιον/unholiness) 8A。

新谜亚士（Σιμμίας ὁ Θη βαιôs/Simmias of Thebes）45B 苏格拉底的学生。替拜恶斯不在雅典所属阿提刻区，所以克力同说他是外邦朋友。

性灵（ψυχή/soul）29E，30B。

性命（βίos/live//жизнь/la vie）36B，43D，44B，生平 43B，余生（βίos καθευδοντos/the rest of 〔your〕 lives）31A。

兄弟（ὁ ἀδελφós/a brother）21A，33D。

薛叙弗恶士（Σίδυφos/Sisyphus）41B。

〔Y〕

野心勃勃的（Φιλότιμos/ambitious；loving honour）23E。

演说家（ὁ ῥήτωρ/orator，eloquent）17B，献辞者 18A，政论家 32B，说客们（Oἱ ῥήτορεs）24。

叶卫偌士（Eὔηνos/Evenus）20B。

又译：厄文努斯，见朱译 367。

以智慧著称的人（τῶν δοκούντων σοφῶν/a man with a high reputation for wisdom）21C。

意类恶斯的希皮亚士（'Iππίαs ὁ 'Hλεῖo/Hippias of Elis）19E 意类恶斯位于希腊南部。

又译：厄利斯（地名），见朱译 227。

意见（δόξα/opinion）44C。

义务（πρακτέos/duty）43A。

议会、议员（ἐκκλησία，ἐκκλησίασται/the assembly，the assembly-men）25A。

又译：公民大会、公民大会会员，见《政治学》477。

阴间（"Aιδηs/the other world 〔F. 143〕，the world below 〔L. 46〕//Aид/enfers 〔B. 53〕）41A。

阴府的法律（"Aιδου νομοι/the laws in Hades' realm）54C。

英灵（ἡμί-θεos/demigod〔F. 105〕，the heroes 〔L. 23〕//полубоги/demidieux 〔B. 27〕）28C，（ἥρωs/heroes//héros〔B. 26〕）28A

游叙弗伦（Eὐθύφρον/Euthyphro）2A 苏格拉底的友人。

诱惑（διαφθείρω/to corrupt）3A 苏格拉底的一个罪名是诱惑青年。

庸奴(θης;θητος/a hired labourer;a servant) 15D。

预言家(χρησμ ῳ δός/givers of oracles [F. 85, W. 38], soothsayers [L. 13]) 22C。

圆宫(Θολός/the rotunda;Round Chamber〔Tredennick,39〕//круглая палата/tholos) 32C 理事团(prytanes,五十人)聚会办公、用餐处。

元老院元老(Βουλευτής/the senators [F. 93], the councillors [W. 42]//Члены совета/les sénateurs〔B. 21〕) 25A,32B。

又译:参议院参议员,见郭译 14、23。

原告(κατηγορία/accuser) 12A,35D。

[Z]

在职官吏(ἀρχή/authority [F. 37], the magistrates of the year—of the Eleven [J.], the successive officials [C. 70] the eleven magistrates〔《柏拉图神学对话集》405〕)37C 福勒本据山茨(Schanz)版,ἀρχή 之后为分号。有的据斯塔鲍姆(Stallbaum)沃尔拉布(Wohlrab)或伯尔纳(J. Burnet)版,分号前还有"τοῖς ἕνδεκα"。οἱ ἕνδεκα 是十一人,即雅典法警,由十区各选一人,加上秘书组成。监牢的在职官吏即雅典法警十一人。

又译:余何为而居于狱,以供狱吏驱使也,见郭译 30;吾何为而居于狱中为十一人之奴隶耶?见张译 61。两译都未交代版本根据,由译文推断,所据不一。

真理(ἀλήθεια/truth) 29E。

朕兆(σημεῖον/sign) 41D

正义(δίκαιος/the right) 32A,正 47E,公义(δικαιοσύνη/justice [Johnson,36]) 54A。

政治人物(πολιτικός/politician) 21C 此处,苏格拉底可能指安匿托士。

又译:政治家,见张译 40;政客,见郭译 9。

政客(πολιτικός/the public men [F. 85] the politicians [W. 38, L. 13]) 22C。

证人(μάρτυς/witness) 32E。

证言(μαρτυρεῖν/witness) 21A。

殖民地(ἀποικία/colony) 51D。

智者(σοφόs/a wise man) 19C,38C。

智者苏格拉底(Σωχράτηs ὁ σοφὸs/Socrates,the wise man 〔F. 99〕,the wise S. 〔L. 21〕//Сократ,наш мудрец/Socrate cet homme si sage 〔B. 25〕) 27A。

智术(σοφία/wisdom) 3D。

治罪(κολάσιs,κολάξειν/punishment) 26A。

追悔(μεταμέλεια/to repent) 38E。

主人(δεσπόταs/master) 13D,主 50E。

又译:家主、奴隶主,见《政治学》494。

自我谦抑 (εἰρωνευομένῳ/jesting 〔F. 133〕,ironic 〔West〕/pretending [Dover,114]/a sly evasion [Burnet,159]/a mysterious irony) 37E。

钻研(者) (φροντιστὴs/a ponderer 〔F. 73〕,a thinker 〔West〕) 18B 阿里司徒放内士在《云》剧中称苏格拉底的学校为 τό φροντιστήριον。

柏拉图生平和著作年表

（公元前 427—前 347）

诞生和成长时期

—·—（一）—·—

（427—410）

●公元前 427 年* ·诞生●

▲五月：诞生于雅典城邦高德鲁家族阿里斯东（'Αρίστων/Ariston）和梭仑后裔伯利克条尼（Περικτιόνη/Peristione）家庭，得名阿里士多克勒（'Αριστοκλῆs/ Aristocles）。**

有两兄一姊一弟：

· 兄——阿德曼特（'Αδείμαντος/Adeimantus）格老贡（Γλαύκων/Glaucon）；

· 姊——波东尼（Πωτώνη/Potone）；

· 弟——安提丰（'Αντιφῶν/Antiphon），异父弟。阿里士多克勒（柏拉图）幼年丧父，母改嫁毕利兰柏（Πυρλάηπης/Pyrilampes），*** 生安提丰。

△阿那克萨戈拉（'Αναξαγόρας 'Ηγησιβούλου Κλαζομένιος/Anaxagoras，Hegesibulus 之子，克拉左美奈++ 人，生于 500 年？）+ 于上年在小亚细亚西北特洛阿德的拉姆普萨卡（Λαμψάκ/

Lampsacus)++ 去世。

他本寓居雅典，是伯利克里的老师和挚友，因持唯物论观点以渎神罪受审，幸赖伯利克里干预，遭逐而免于一死。

★阿那克萨戈拉是第一个对天加以物理的解释的人，在另一种意义下，他和苏格拉底+++ 一样，可以说是把天拖到地上来的人（马克思：博士论文，驾麟译，第 40 页，人民出版社，1961/73 年）。

△智者派哲学家、修辞学家高尔吉亚（Γοργίας ὁ Λεοντίνι/Gorgias of Leontini，生于 483 年）从西西里岛东部列翁提尼城率代表团出使到雅典来求援，帮助他们抵御其南的叙拉古城的侵犯；从此留居雅典相当一个时期。

⊙九月：雅典将军雷岐兹（Λάχης/Laches）等率舰队向西西里进发，支援列翁提尼一方。

⊙自从卡里亚斯和约于 449 年签订以来，米太雅德（Μιλτιάδης/Miltiades）客蒙（Κίμων/Cimon，512—449）父子、寡头集团头目相继死去，雅典杰出的政治家伯利克里（Περικλῆς/Pericles，495—429）自 443 年连续十五年，年年当选为将军，不久前染病疫去世。

⊙以雅典、斯巴达各一方为主的伯罗奔尼撒战争（431—404）在进行。

* 对于年代，每栏栏目标明“公元前”字样，余不重复。

** 又译：亚力斯托克里斯，见严群《柏拉图》（274 页），第 1 页，上海世界书局，1934 年。

*** 他是伯利克里的亲戚。政治上同情民主党，他和伯利克条尼的孩

子，一说名：德谟斯/Δῆμος，见阿伦(D. J. Allan)编，国家篇第一卷，希腊文，130 页，1940/44，伦敦，第 2 页(导言 1—33)，厦门大学图书馆藏。

＋ 又译：安那萨哥拉，见王树枏《希腊春秋》(上下两册)卷五第 33 页，兰州官报印书局，光绪三十二年(1906)；西安中共陕西省委党校图书馆藏。

＋＋ 又译：克拉作墨奈(Клазомены)拉米萨克(Ламисак)，见《世界通史》2：地图 3；克雷佐门尼，见《伯罗奔尼撒战争史》地图 12。

＋＋＋ 又译：梭格拉底，见王学来译《哲学原理》第 40 页，日本东京闽学会，光绪二十九年(1903)，杭州浙江省图书馆藏；又见南京乐天馆主：《苏克雷地教育》(原文如此，疑脱"论"字)，1926(?)年。本书未亲见。书目见于刘仁航：《东方大同学案》封底广告页，内容据称系柏拉图的苏格拉底对话摘译。

●公元前 426 年 · 一岁●

★希腊的内部强盛时期是伯利克里时代，外部强盛时期是亚历山大时代。在伯利克里时代，智者派，称得上哲学化身的苏格拉底、艺术以及修辞学等等排斥了宗教，而亚历山大的时代就是既否认"个人精神的永恒不灭又否认当代各种宗教之神的亚里士多德的时代。"(《马恩全集》1：113)

△哲学家苏格拉底(Σωκράτης Σωφρονίσκου 'Αθηναῖας/Socrates of Athen，Sophronicus 之子，生于 469 年，四十五岁)在雅典十分活跃。

他最初向阿那克萨戈拉学习，后者见逐，就转向自然哲学家阿刻劳斯('Αρχελάος/Archelaus)向音乐家、智者阿伽托克勒('Αγαθοκλῆs/Agathocles)* 的弟子达蒙(Δάμων/Damon，475—410)** 求教。

他结交医学界人士阿库门('Ακουμενός/Acamenes)厄里什马克('Ερυζμάχος/Eryximachus)父子***、赫洛狄库('Ηρόδικος ὁ

Σηλυμβριανός/Herodicus of Selymbria，也是智者）+，体育家伊克斯（῎Ικκος ὁ Ταραντῖνος/Iccus of Tarentum）+，音乐家兰柏罗（Λάμπρος/Lampro）等等。

他的妻子是臧蒂普（Ξανθίππη/Xanthippe）。

△著述家色诺芬（Ξενοφῶν Γρύλλου ᾿Αθηναῖας/Xenophon of Athen，Gryllus 之子）430 年生于雅典。青年时代，跟随苏格拉底学习。

△犬儒派++ 奠基人安提西尼（᾿Αντισθένης ᾿Αντισθένους ᾿Αθηναῖος/Antisthenes of Athen，生于 441 年）参加丹那格拉（Τανάγρα/Tanagra）战役，英勇顽强。苏格拉底得知后，与人交谈时，予以赞扬。

他先后向高尔吉亚、苏格拉底学习，从前者学到修辞学，记述于所写《对话集》，从后者学到不计较生活享受，他住在比雷埃夫斯（Πειραιεύς/Piraeus）港+++，天天赶几里路来雅典城听苏格拉底在人众聚集的广场与人侃侃而谈。

他劝自己的追随者也一块儿听苏格拉底所讲，但后来认为安尼多（῎Ανυτος/Anytus）比苏格拉底高明，于是，见到青年们从本都地区慕苏格拉底之名而来，他就领他们往安尼多处去。

△伯利克里的遗孀阿斯巴西亚（᾿Ασπασία/Aspasia）和吕西克里（Λυσικλης/ Lysicles）同居。

相传，阿斯巴西亚多才多艺，先后协助伯利克里、吕西克里，他们在社会上大有作为，颇得益于她。苏格拉底以此为例，向卡利阿斯（Καλλίας/Callias，455—370）建议把孩子委托阿斯巴西亚教育。

⊙芝诺（Ζήνων/Zeno）的弟子、雅典将军皮索多勒斯（Πυθόδωρος/

Pythodorus)被派往西西里增援。

* 又译:阿卡若克利,见张译(详见 411 年条注)第 226 页,此人见于二⑥180D,一⑩310E(二⑥之类是柏拉图著作编号、二指斯特方本第二卷,⑥指第六种,详见本表最后著作栏)

** 此人见于二③118C,二⑥180D、197D、200,二⑫400、404,三⑨364A;见朱译(详见 422 年条注)367。

*** 此二人见于三④176、198,三⑤227、268、269,一⑩315;见朱译 91,张译 226。

+ 此二人见于一⑩316D。

++ Cynics,又译:犬园学派,见罗忠恕《希腊哲学》(梯利著)第 65 页,重庆商务印书馆,1944 年;傲世派,见黄方刚《苏格拉底》(119 页)第 118 页,商务印书馆,1913 年;Cyincism,马元德《西方哲学史・下卷》(罗素著)译为:以人性为己观,见第 480 页,商务印书馆,1976 年。

+++ 又译:拜里厄司,见《世界通史》2:41;毕莱乌,见《哲学史讲演录》2:144,这是雅典对外贸易的港口,也是转口业发达的地方。雅典城邦每年从这里征收到大量税金,总贸易额达两千塔兰同,成为地中海世界最大贸易港口。每塔兰同约合银两千四百两,等于六千都拉马。

* 此人见于三③126—127,二③119A,一⑧216A(见严译 132 页,称为“爱利亚地方的客”〔ξένος ελεατης/hospes eleates〕)三⑤261D。

●公元前 425 年・二岁●

△历史学家希罗多德(’Ηρόδοτος/Herodotus,生于 484 年)去世。所著《历史》记述伯罗奔尼撒战争前,波斯帝国企图入主希腊世界受阻情况。

△天文学家、数学家恩诺匹德(Οἰνοπίδης/Oenopides)在世,他是柏拉图《对话集・恩特拉斯篇》*(’Αντερασταὶ/Erastae;Amoto Amotores/Rivals,斯特方**版第一卷 132—139 页,计七页)开篇的人物。

* 本篇一般取名'Ερασταὶ/the lovers，小奥林匹俄多鲁（Olympiodorus the younger，六世纪）即如此。普洛克鲁斯（Proclus，五世纪）则称为'Αντεαρασταὶ/the Rival Lovers.

** 又译：斯蒂凡，见《马恩全集》47：644。

●公元前 424 年·三岁●

△苏格拉底参加第力安（Δήλιον/Delium）* 战役，坚守阵地。最后，随主将雷歧兹撤退。

他在伯罗奔尼撒战争开始时就参加了波提代亚（Ποτίδαιαν/Potidaea，432—430）战役，临危不惧，援救了阿基比阿德（'Αλκιβιάδης/Alcibiades. 生于 450 年）** 。

⊙雅典一方在第力安之役败于斯巴达。

* 又译：德里阿木，见翦伯赞主编《中外历史年表》第 69 页，中华书局，1961 年；德利欧，见《哲学史讲演录》2：47；德力颜，见何译 35；狄利俄斯（Делий），见《世界通史》2 地图 4。该城属于比奥细亚，在东南端，邻近阿提刻。

** 又译：阿尔西巴德，见《外国著名军事人物·上册》（233 页）第 218 页，北京知识出版社，1980 年；亚西比得，见《辞海》。

●公元前 423 年·四岁●

△喜剧家阿里斯托芬（'Αριστοφάνης/Aristophanes，446—385）在《云》（Νεφέλαις）* 剧中把苏格拉底按当时一般人的流行观点，描述为智者派哲学家** 揶揄一番，攻击他不切实际，诬他蛊惑青年，宣传无神论，暗射他即是米洛斯（Melos）岛人无神论者（Atheos）诗人狄阿戈拉（Διαγόρας/Diagoras）。作家后来修改剧本，还添上焚烧苏格拉底思想所〔a‘Speculation-shop’/thinking-shop〕（学

校）的情节。

相传，苏格拉底在场观赏，当场现身示众，让大家亲自对比核实，态度自若。

* 见罗念生等译《阿里斯托芬喜剧集》人民文学出版社，1954 年。攻击他的喜剧作家不仅此，还有 Eupolis, Ameipsias 等。本剧的现代演出剧照，见多弗（K·Dover）著《希腊人》（The Greeks，160 页，牛津，1982 年）插图 40，苏格拉底正在教育农场主斯瑞西阿得斯（Strepsiades）。

** 苏格拉底死后出生的艾其纳斯（390—？）提到苏格拉底，也称之为智者，见其《反提马库斯》（KATA TIMAPXOΥ）第 173 页。

●公元前 422 年·五岁●

△苏格拉底参加安菲城（’Aμφίπολιs/Amphipolis）* 之役。

△诗人伊安（’Iων/Ion）** 死。他是柏拉图《对话集·伊安篇》（IΩN/IO，斯特方版第三卷 530—542 页，计 12 页）发言者，和苏格拉底讨论诗的灵感，谈话提到阿那克萨戈拉友人、诗人，兰普萨库人墨特洛特（Μητρόδωροs/Metrodorus）。

⊙雅典将军修昔底德（Θουκυδίδηs/Thucydides，生于 460 年）因于安菲城之役驰援不力，被追究遭放逐。

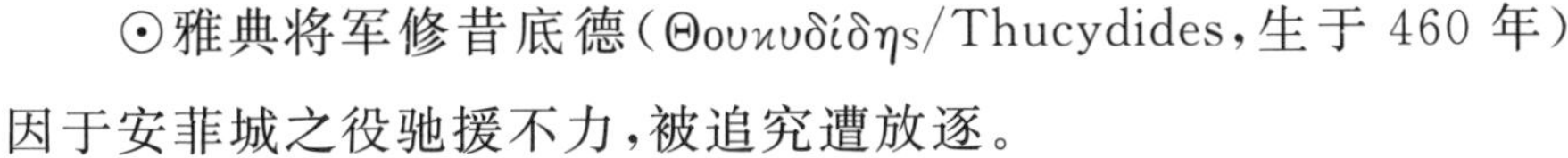

* πόλιs，城，城邦，城市国家。有的译为安菲波利斯（Амфиполь）见《世界通史》2：1270；安菲玻里，见《伯罗奔尼撒战争史》地图 1。位于埃翁（或爱昂）之北，同居斯特律蒙河出海口，与亚里士多德故乡斯塔吉拉遥遥相望。

** 又译：伊昂，见吴寿彭《政治学》（亚里士多德著）第 75 页注②。哀盎，见郭译 4、中译本：朱光潜《柏拉图：文艺对话集·伊安》（369 页，第 1—20 页），人民文学出版社，1980 年。

希腊原文的英文注释本（Plato：Ion），麦克格雷戈（J. M. Macgregor）注并撰导言，45 页，剑桥，1912 年，厦门大学图书馆藏。

英译汇编本《柏拉图对话五篇》（Five dialogues of Plato learning on poetic

inspiration,277 页,1927 年),收雪莱(P. B. Shelley)所译一⑭三④,西登汉姆(F. Sydenham)所译二②,卡里(H. Cary)所译一④,赖特(J. Wright)所译三⑤,北京图书馆藏。

南京图书馆藏:Ione,意大利都灵,1935 年。

●公元前 421 年 · 六岁●

△据说阿德曼特、格老贡年纪比柏拉图大,* 格老贡大十三四岁,阿、格两人本年向苏格拉底请教国家、社会、政治问题,以便参加社生活,他们的对谈构成了柏拉图《对话集 · 国家篇》(ΠΟΛΙΤΕΙΑ/CIVITAS,全篇十卷,斯特方版第二卷 327—621 页,计 294 页)内容。**

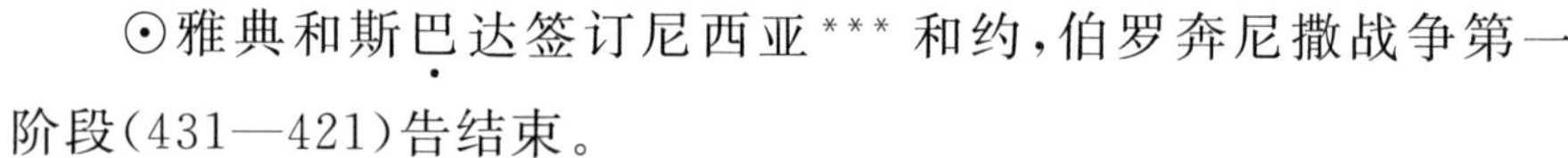

⊙雅典和斯巴达签订尼西亚*** 和约,伯罗奔尼撒战争第一阶段(431—421)告结束。

* 如果据色诺芬《回忆录》(八卷)第六卷所记,柏拉图大于格老贡。人名又译:哀地孟德、克拉根,见吴译;一、格罗康,见朱译 21;爱迭孟塔斯、格劳肯,见徐译 12;阿代曼图斯、格劳孔,见何译 16,书名又译为“理想共和国”。

** 中译本:吴献书《理想国》(十卷分五册:103+110+118+103+89=523 页,合 238000 字)商务印书馆,1929/57 年。据罗得岛人斯多亚派巴纳修(Παναίτιος ὁ Στωικος/Panaetius)说,柏拉图写国家篇的开篇,数易其稿,本篇内容涉及教育、政治、哲学、美学等,译文又散见下列各书:

朱光潜《柏拉图:文艺对话集》,选译第二第三卷 376—383 页、第 386—403 页,统治者的文学音乐教育,第十卷第 595—608 页,诗人的罪状。

徐宗林《西洋三千年教育文献精华》(罗勃 · 乌里其〔Robert Ulich〕编,全书 409 页,第 3—33 页)选译第二、第三、第四、第七卷,据 Paul Shorey 英译(1930—35 年);台北幼狮文化事业公司,1970 / 73 年,篇名译为“共和国”。有人建议译为“造邦论”。

郑晓沧《柏拉图论教育》(92 页,第 1—92 页),据乌里其《精华》选译,人民教育出版社,1958 / 80 年。

鲍桑葵（B. Bosanquest）编《柏拉图〈国家篇〉手册》（A Companion to Plato's Republic，429 页），1895 年；厦门大学图书馆藏；怀特（N. P. White）编同名手册，275 页，牛津，1979 年，上海图书馆藏；克罗斯（R. C. Cross）等注释本（Republic，a philosophical commentary，295 页）纽约，1971 年；哲学所、武汉大学图书馆均藏。

英译本：戴维斯和沃恩（J. L. Davies and D. J. Vaughan）1852/1950，袖珍本，370 页；康福斯（F. M. Cornford，1874—?）牛津，350 页；李（D. Lee）企鹅丛书，1955/74，467 页，均南京郭斌龢藏。克尔（A. Kerr），芝加哥，1918，南京图书馆藏。

*** 尼西亚（Νίκιας/Nicias，470—413）雅典统帅，大奴隶主，温和民主派，反对主战派克里昂（Cleon，皮革商）。相传他出租一千名奴隶于矿山劳动。

●公元前 420 年 · 七岁●

▲按雅典的制度规定，富裕公民的男孩子七岁就上学，到缪司学校学习文化，前三年认字，然后听老师讲授荷马、赫西俄德等诗人作品，学朗诵练演说，为日后参加社会生活做准备。继而学习音乐——广义的文化课程。

那时期，人们“文化教育的主要部分在于熟习诗篇”（《普罗泰戈拉篇》338。）苏格拉底说：我们受了良好的政府的教育影响，自幼就和诗发生了爱情。

柏拉图给送进狄奥尼索（Διονυσίος/Dionysius）的学校受启蒙教育。

△数学家希比阿斯（'Ιππίας 'Ηλειôs/Hippias of Elis，460—390）* 正当盛年。像当时许多智者派人物一样，他去斯巴达，去西西里，到雅典，到奥林匹亚参加全希腊的庆典，到处漫游，教人修辞和演说。

柏拉图《大希比阿斯篇》(ΙΠΠΙΑΣ ΜΕΙΖΩΝ/HIPPIAS MAJOR)《小希比阿斯篇》(ΙΠΠΙΑΣ ΕΛΑΤΤΩΝ/HIPPIAS MINOR)** (第三卷 281—304 页,第一卷 363—376 页,计 25+13=38 页)记述了他和苏格拉底讨论美等问题的情形。

* 又译:喜皮阿斯,见侯德润、张兰《数学史》(斯科特著)第 29 页,商务印书馆,1981 年;希比亚,见张译 223;希璧亚,见郭译 4(导言)惠比亚,郭译 7,赫毕亚,郭译 294。中译本:《文艺对话集·大希庇阿斯篇》(第 178—210 页)。

** 这两篇,各本处理方法很不一致。周厄提把 Greater (或 Longer) Hippias 列于全集第一卷末,属正编,Lesser H. 做附录。英国百科全书公司所编《西方杰作·柏拉图卷》(Great Books of the Western 芝加哥,1952/80 年,874 页,首都图书馆藏)则根本不收,只收二⑤⑦⑥,一、⑩⑨⑫,三⑤,一⑭,三④,二②,一①②③④⑬,二⑫,三①②③,一⑦⑧,二⑩①⑬和哈沃德(J. Harward)所译第七封信。

●公元前 418 年·九岁●

⊙雅典将军雷歧兹死。他生前赞扬苏格拉底在第力安战役中的英勇表现,认为足以为国人表率。

柏拉图《雷歧兹篇》(ΛΑΧΗΣ/LACHES. 第二卷 178—201 页,计 24 页)* 记述他晚年(419 或 420)和尼西亚,吕西马各斯(Λυσίμαχος/Lysimachus, 阿立斯提德〔'Αριστείδης/Aristeides〕的儿子)美里梭(Μέλισσος/Melissus,爱利亚学派、萨莫斯军人)跟苏格拉底讨论的情形。

* 又译:拉黑斯,见《西方哲学史·上册》(梯利)第 284 页;赖吉斯,见何译 35;拉刻斯,见范明生文,收于《外国哲学史研究集刊·4》上海人民出版社,1981 年。英译者兰姆(Lamb)将之与一⑩二②一⑨编译为一集,收于娄

卜丛书，武汉大学图书馆藏（十二册，不全）。

德译者以之和二⑤⑦，三⑥，一⑪⑩⑨⑭，二⑨共八篇，题为《早期对话集》（Frühdialoge）出版，1974 年，瑞士。

●公元前 417 年 · 十岁●

△伊利斯的斐多（Φαίδω 'Ηλειôs /Phaedon of Elis）生。

●公元前 416 年 · 十一岁●

△苏格拉底友人阿伽通的悲剧在祭神大典戏剧竞赛中得奖。

●公元前 415 年 · 十二岁●

△按雅典的制定规定，在缪司学校学习的少年，从十二岁起，同时进入巴来斯特拉体育学校（Παλαίστρα/Palaestra）学体育技巧，锻炼身体，准备服兵役。

★雅典人的普遍训练里，锻炼技巧和增强体力同时并重。（《马恩全集》14：12）

▲体育学校教师阿里斯东（'Αρίστων/Ariston）见他肩宽（一说前额突出，说法不一）给他取名柏拉图（Πλάτων/Plato）* 。

△天文学家蒂迈欧（Τίμαιos/Tinaeus of Locri）在政府中任职。

柏拉图《蒂迈欧篇》（TIMAIOΣ/TIMAEUS，第三卷 17—92 页，计 75 页）** 记述蒂迈欧的自然观。

⊙伯罗奔尼撒战端重启，阿基比阿德率军冒险远征西西里岛。不久，因雅典城内许多赫麦斯神像被毁案涉嫌，闻风潜逃，降斯巴达。

⊙春季：雅典将军拉马卡斯（Λάμαχos/Lamachus）*** 在远征西西里岛之役阵亡。

* 又译：普拉透，见上海《中西教会报》（月报）甲辰〔1904〕正月第一卷。

** 又译：提姆士，见唐君毅《中西哲学思想之比较研究集》（412 页）第 6 页，正中书局，1943 年。中译本：梁昭锡《古代的地理学》（波德纳尔斯基编，426 页），摘译约七百字，三联书店，1958 年。

英文方面有康福（F. M,. Cornford）的 Plato's cosmology，译注本，376 页，1956 年，伦敦，上海图书馆藏；泰勒（Thomas Taylor）的 The Timaeus and Critias or Atlanticus，249 页，1944 年，纽约，上海图书馆藏。

相传，柏拉图壮年去西西里途中，在南意大利从毕达戈拉派克罗东人菲罗洛（Φιλόλαος Κροτωνιάτης Πυθαγορικός/Philolaus the Pythagorian）的亲戚手中购到菲罗洛的著作，据之以写出自己这部《蒂迈欧篇》，姑存一说。

*** 此人见二⑥197C。

●公元前 414 年 · 十三岁●

△数学家泰阿泰德（Θεαίτητος/Theaetetus）生，少从苏格拉底游，数学上有成就。离开雅典后，到黑海的赫拉克利亚（῾Ηράκλεια/Heraclea）办学。

柏拉图《泰阿泰德篇》（ΘΕΑΙΤΗΤΟΣ/THEAETETUS，第一卷 142—210 页，计 68 页）* 记述师弟两人讨论知识和学习的问题。

△三月：阿里斯托芬在酒神大祭上演的《鸟》（῎Ορνιθες）剧中奚落智者派哲学家普洛狄科斯（Πρόδικος/Prodicus，生于 480 年）。**

普洛狄科斯在伯罗奔尼撒战争前已闻名于雅典，相传，苏格拉底听过他讲学。

△狄阿戈拉久客雅典，以诗闻名，相传是德谟克利特的弟子，不信神，终于为雅典所逐。阿里斯托芬在《云》剧中仅暗讽他。在

《鸟》剧中就点名直接攻击他。他后来死于科林斯。

* 又译：铁塔斯，见《数学史》33。该书关于泰阿泰德的年代作"公元前480年前后"，误，中译本：严群《泰阿泰德·智术之师》(221页，第25—117页)商务印书馆，1963年。两篇计148000字。

俄译本 TEЭTET 有两种：㊀舍列日尼柯(Виктор Сережников)，191页，1936年；㊁华西里叶夫(T. B. Васнльев)收于《柏拉图选集》2：223—317 皆哲学所图书馆藏。

1843年，巴黎出版施瓦尔贝(J. A. Schwalbé)编《柏拉图形而上学对话集》(Dialogues metaphysiques)，收 Théététe：ou，De la science；Cratyle：ou，De la propriété des mots；Euthydeme：ou Le disputeur；Le sophiste：ou，De l'être；Parménide：ou Des idées；Timée：ou，De la nature；Critias：ou，L'Atlantide。

** 此人见一⑩，三⑭397C—399C，一②19E，一⑦151B，三④177，一⑤128A，三⑥282C，三⑨366C。又译：普若第库斯，见朱译369；普罗第克，见张译315；普洛迪恪士，见严群220。

●公元前413年·十四岁●

⊙雅典统帅尼西亚斯参加西西里远征，全军覆没，被俘而死。

⊙马其顿国王阿刻劳斯('Αρχέλαος/Archelaus)在位(413—399)，登基后，加强军队，改革货币，修筑道路，大力整顿国家，把京城从埃楷(Αἰγαί/Aegae)东迁到近海的伯拉(Πέλλα/Pella)，对外继续发展和南部的希腊的友好关系，欢迎希腊文化艺术思想界人士前来宫廷：

- 戏剧家欧里庇得斯。
- 画家宙克西斯(Ζεοζιs/Zeuxis，五世纪后半叶)。
- 诗人、音乐家提摩太(Τιμόθεοs/Timotheces)。

●公元前 411 年 · 十六岁●

△智者派哲学家普罗泰戈拉（Πρωταγόρας 'Αρτέμωνος Αβδηρίτης/Protagoras of Abdera*，Artemon 之子，生于 485 年**），四百人议会成员毕多托鲁（Πυθόδωρος Πολυζήλου/ Pythodorus of Polyzelus）*** 指控他多年来蛊惑人，使他们不信神；他风闻受控，逃出雅典，前往西西里岛避难，途中遇难身死。

柏拉图《普罗泰戈拉篇》（ΠΡΩΤΑΓΟΡΑΣ/PROTAGORAS，第一卷 309—362 页，计 52 页）+ 记述 433 年苏格拉底（36 岁）在卡利阿斯家的谈话，他向人们追述他自己和普罗泰戈拉这些智者的讨论。

△雅典演说家安提丰（'Αντιφῶν/Antiphon of Rhamnusia，生于 480 年）去世。++

⊙雅典城邦发生政变，民主制度拥护者在战争中受到很大挫折，寡头分子施加压力，公民大会废除民主政治制度，参加公民大会人数缩减为五千人。寡头分子——富有的奴隶主（以安提丰、+++ 皮山德、福里尼卡斯为首）组成“四百人议会”管理国家，召集公民大会。后，战争失败，优卑亚岛爆发反雅典起义，寡头政府执政不到一年即垮台，民主制又恢复。

阿基比阿德这时，先是站到波斯（这位朝三暮四的政客，从斯巴达又转而投靠波斯）一方，而和雅典寡头政府秘密谈判，旋又利用政变之机，从民主政府取得谅解，统率雅典海军出战，屡建战功。

* 据本都人赫拉克利特《论法律》（Περί νόμων）。

** 他的寿命，一说九十岁。一说七十岁，关键在生年。阿波洛托鲁

('Απολλοδορος/Apollodorus)于其《年代纪》(Χρονικοῖs)把他的鼎盛年(ἀκμὴ/flourish,通常指四十岁)系于奥林匹克节(444—441),其他人又各执一词。古希腊人而有生卒年悬殊这一类问题者不在少数,更不必提一两年三五年之差,本表将阿那克萨戈拉卒年系于428,近见吉贡等编《柏拉图人名、概念辞典》(Platon/Lexikon der namen und begriffe/verfasst von Olof Gigon und Laila Zimmermann,小32开,351页〔概念41—299;人名307—351〕苏黎世和慕尼黑,1975,北京大学图书馆藏)第311页系于425,里斯(W. L. Reese)《哲学宗教辞典》(Dictionary of Philosophy and Religion：Eastern and Western Thought,1980,美国新泽西州哈佛出版社)第14页则系之于422。

*** 据阿里斯多德,控诉人是优阿鲁士(Εὔαθλόs/Euathlus)。

+ 中译本:张师竹、张东荪译《柏拉图对话集六种》(377页,第213—303页,)商务印书馆,1933年。人名又译:普洛他过拉,波罗他谷拉,见张译354。此处提到他收益比菲狄亚斯等多得多。

希腊原文的英文注译本(Platonis Protagoras),阿当(J. Adam and A. M. Adam)注释,后附Quaestiones Protagoreae〔按Frei的编序排列,九条分列六组〕213页,剑桥1893/1921年,厦门大学图书馆藏。

俄译者以之和一⑨,二⑥⑤,一⑪①②共七篇(ПРОТАГОРЬ,ЭВТИДЕМЬ,ЛАХЕСЬ,ХАРМИДЬ,ИНШАСЬ[ИППIАСЬ МБНЬШИЙ],ЭВТИФРОНЬ,АПОЛОГИЯ СОКРАТА)编译为《柏拉图著作集》(СОЧИНЕНIЯ ПЛАТОНА,1863年)第一卷(488页)出版。第二卷为一③④,二②,一⑬,二③④等六编(КРИТОНЬ,ФЕДОНЬ,МЕНОНЬ,ГОРГIАСЬ,АЛКИВIАДЬ ПЕРВЫЙ,АЛКИВIАДЬ ВТОРОЙ),哲学所图书馆藏。阿斯穆斯(В. АСМУС)所编《柏拉图对话选集》(ПЛАТОН. ИЭБРАНЫЕ ДИАЛОГИ,414页)俄译本则收Протагор,Пир,Федр,Ион,Апология Сократа,Критон,Федон等七篇,1965年,北京图书馆藏。

++ 他的著作《论真理》残篇,于二十世纪初发现。此人见二⑨236A。

+++ 又译:安替芬,见谢德风《伯罗奔尼撒战争史》(修昔底德著)第660页,1960/78年,商务印书馆。福里尼卡斯(Phrynichus),又译:佛若尼科斯(Фриних),见《世界通史》2：1242。

服兵役和投苏门时期

—·—(二)—·—

(409——399)

●公元前 409 年·十八岁●

▲按雅典的制度规定,富裕公民的子弟从体育学校结业以后,开始服兵役。柏拉图这种家庭出身的青年多到骑兵部队执勤。此时,战争已近尾声,骑兵一般就在阿提刻一带。

相传,柏拉图在 409—404 年间参加过三次战役。

他这实际上是开始接受考核(δοκιμασία),类似我国的加冠礼,以便两年后,参加雅典四月(公历十月中旬至十一月中旬)的阿帕图里亚节(' Απατούρια/the Apaturia),争取载入本区户籍(ληξιαρχικὸν γραμματεῖον)得到公民资格。

⊙迦太基(今北非突尼斯一带)派遣大军登陆西西里岛,先后占领与之遥遥相对,位于西南部的瑟里嫩特、阿格里根特('Ακραγαντῖνοs/Agrigentum)* 格拉诸城(409—405 年)。

* 又译:阿格拉真坦(Агригент)见《世界通史》2:135;亚格里琴敦,见《世界风物志·意大利》第 103 页,台北地球出版社,1977/79 年,中国科学院图书馆藏。这里是恩培多克勒('Εμπεδοκλῆs/Empedocles,484—424)的故乡,晚年(424)他在城邦推动民主改革。

●公元前 408 年·十九岁●

△高尔吉亚* 在第九十三届奥林匹克节(运动会)上发表演说,呼吁希腊人雅典和斯巴达团结起来,对付波斯。

▲柏拉图在跟随苏格拉底学习之前,向克拉底鲁(Κρατύλοs/Craylus)学习赫拉克利特哲学。向赫莫根尼('Ερμογένεs/Hermogenes)学习巴门尼德哲学。

柏拉图《克拉底鲁篇》(ΚΡΑΤΥΛΟΣ / CRATYLUS,第一卷380—440页,计57页)《巴门尼德篇》(ΠΑΡΜΕΝΙΔΗΣ/PARMENIDES,第三卷126—166页,计40页)** 记述了他们的思想。

△叙拉古的狄翁(Δίων Συρακόσιος/Dion of Syracuse)生。

* 又译:哥尔基亚,见《伯罗奔尼撒战争中》241。

** 中译本:陈康《柏拉图巴曼尼德斯篇》(255页)商务印书馆,1943年。

●公元前407年·二十岁●

▲跟随苏格拉底学习,苏格拉底经常在公共场所与青年交谈,他的所谓思想助产术——教导人们独立思考、认真分析问题的方法*,他言谈所围绕的中心——认识自己无知,只有神是全知全能的,以及他之教导人们而不取酬,这一切与当时风靡全城甚至整个希腊的智者派修辞学者、演说家等迥然相异,在雅典吸引了许多青年,各地负笈前来者众。

柏拉图父母双方的亲人克里锡亚斯(Κριτιας/Critias,其叔,460—403)** 查密迪斯(Χαρμίδης/Charmides 其舅)*** 均和苏格拉底早就相识,常相过从。柏拉图早就和苏格拉底有接触,如今不过亲炙教诲,学有定师。

柏拉图《克里锡亚斯篇,或大西岛故事》(Κριτίας ἢ Ἀτλαντικός/Critias or Story of Atlantis,第三卷106—121页,计16页)《查密迪斯篇》(ΧΑΡΜΙΔΗΣ/CHARMIDES,第二卷153—176页,计23页)+ 即以他们两人名字命名。

△柏拉图的侄子、波东尼的儿子斯彪西波(Σπεύσιππος

Εὐρυμέδοντος 'Αθηναῖος/Speusippus of Athen Eurymedon 之子)生。后世所传柏拉图伪作《定义集》(OPOI/DEFINITIONES,第三卷 411—416 页,计 6 页)有人认为是他所作。

⊙赫莫克拉底('Ηρμοκρατος/Hermocrates)++ 去世。他于 415 年指挥叙拉克军队抵御雅典的进犯。

* 通常称为:苏格拉底式的讽刺(Die Ironie des Sokrates),见黑格尔《哲学史讲演录》2:55;又译:苏格拉底式的幽默(ironie socratique/сократическая "ирония"),见朱译 335;苏格拉底式佯装无知法(Socraticirony/εἰρωνεία)见〔英〕柏拉威尔著、梅绍武等译《马克思和世界文学》(S. S. Prawer, Karl Marx and World Literature, 1976)第 41 页,三联书店,1980 年;苏格拉底的讥讽,见《哲学史》1:107;苏格拉底的反语。

** 又译:克立替阿斯,见《中外历史年表》72。

*** 又译:卡密德,见朱译 290;卡尔米德,见陈修斋《希腊思想和科学精神的起源》(法·罗斑著)第 201 页,商务印书馆,1965 年。相传,查密迪斯表示要送苏格拉底几个奴隶,供他出租奴隶以得利,苏格拉底谢绝。

\+ 德译者巴塔萨(Hans-Urs von Balthasar)把本篇和其他三篇(一①,二⑥,二⑦)辑译出版于瑞士巴塞尔,1950 年;哲学所图书馆藏。英译者周厄提把本篇和其他十二篇(二⑦⑥,一⑭⑩⑨,二②,一①②③④三④⑥)并附三篇(一⑪,二③⑨)辑译,编为《柏拉图对话集》第一卷出版。

++ 参看利维(G. R. Levy)著《柏拉图在西西里》(Plato in Sicily, 161 页,伦敦,1956〔mcmlvi〕年)上海图书馆藏。

●公元前 406 年·二一岁●

△苏格拉底身为五百人会议(boule,议事会)成员,担任轮值主席时,力排众议,不同意色拉米尼(Θηραμένες/Theramenes)* 等指控阿吉纽西群岛海战中一时失误六将领(原八名,两名在逃),他指出将领们打了胜仗,援救落海和死伤战士任务纯系受到险恶风

浪影响而未能完成，不宜求全责备。

△欧里庇得斯（Εὐριπίδης/Euripides）** 在马其顿宫廷去世。

在雅典期间（一年前离开），他和普罗泰戈拉、阿那克萨戈拉、苏格拉底等相过从，人们喜欢到他藏书丰富的家里去做客，普罗泰戈拉在那里朗读了所著《论诸神》（Περὶ Θεῶν/On the Gods）的开篇部分。

⊙雅典舰队在阿吉纽西群岛（Arginusae，位于列斯堡岛和小亚细亚大陆之间）海战中击溃斯巴达。

△悲剧家索福克勒斯（Σοφοκλῆς/Sophocles，生于 495 年）死。

* 又译：忒剌墨尼斯（Ферамен），见《世界通史》2：1258；特拉门尼，见《伯罗奔尼撒战争史》690。他也参战，任三列桨战舰舰长。后来，在三十僭主执政时期，被克里锡亚斯处死。此人见三⑨368E。

** 此人见一⑦154D，三⑤268C，二③113、125，一⑤125，一⑬484、485、492，一⑭533D，二⑫568；其诗句并散见多处。

●公元前 405 年・二二岁●

△阿基比阿德身为专制总督统帅，接连打败仗，雅典盛传他会趁此实行暴政。他发觉形势不妙，逃离雅典。下年在波斯被当局处决。

柏拉图《阿基比阿德上篇》（ΑΛΚΙΒΙΑΔΗΣ ΠΡΩΤΟΣ/ALCIBIADES PRIMUS，第二卷 103—135 页，计 32 页）《阿基比阿德下篇》（ΑΛΚΙΒΙΑΔΗΣ ΔΕΥΤΕΡΟΣ/ALCIBIADES SECUNDUS，第二卷 138—151 页，计 13 页，下篇通常认为是伪作）* 记述苏格拉底指导阿基比阿德认识社会、国家，如何参加政治活动。

柏拉图《阿克西奥库斯篇》（ΑΞΙΟΧΟΣ / AXIOCHUS，第三卷

364—372 页，计 8 页）阿克西奥库斯（'Αξίοχος）是阿基比阿德的叔父。

⊙西西里岛东部叙拉古军事领袖狄奥尼索斯（Διονύσιος/Dionysius）** 在菲利斯托斯（Φίλιστος/Philistus）协助下，夺取政权，成为叙拉古僭主。从此，民主派领袖狄奥克勒斯（Diocles）*** 建立的民主制度（各种立法）为僭主制所替代，虽然议事会、公民大会（主席是狄奥尼索斯）仍保留一定权力，毕竟性质已迥然相异。

* 《柏拉图的神学对话集》（Plato's Divine Dialogues）收二②③，一⑤①③④，二⑥，一⑥⑩和一②；译附达西埃（M. Dacier）版的导言和注释，411 页，伦敦，1851 年，北京大学图书馆藏。

** 英译本 The Axiochus; on death nad immortality，布莱克尼（E. H. Blakeney）译，伦敦，1937 年。斯宾塞（Edmund Spencer ，1552—1590）据 1568 年拉希文对照版译的本子，1934 年由巴德尔福（F. M. Padelford）编辑出版于巴尔的摩（美国）。

*** 又译：迪奥尼西（Дионисий），见冯憬远，李嘉恩等译《政治学说史》（三册）上册第 67 页，法律出版社，1959 年。在狄奥尼索斯的得力助手中，大家知道，有著名典故"德摩克利斯剑"里那位大臣。

●公元前 404 年 · 二三岁●

▲柏拉图一度考虑投身政界。

△苏格拉底拒绝遵从三十僭主寡头政府命令，拒不随其他四人前往逮捕萨拉密的莱翁（Λέων ὁ Σαλαμίνιον/Leon the Salaminian）。

△伊索格拉底（'Ισοκράτης/Isocrates，生于 436 年，三二岁）在开奥斯（Chios）开办学校，收学生授修辞学，教演讲术，不久，就转到雅典来活动。

⊙四月：伯罗奔尼撒战争结束。斯巴达玻舍尼阿吉军队包围雅典，在斯巴达统帅来山得（Λύσανδρος/Lysander，？—395）扶植下，雅典出现三十僭主（ὁ τριάκαντα）寡头政府（本年六月至下年二月），为首的是极端分子克里锡阿斯。色拉米尼反对斯巴达扶植的傀儡政权不成，人们选他进去以为牵制，终因反对克里锡阿斯而被处死。

⊙伯罗奔尼撒战争后期政治家克立托封（Κλειτοφῶν/Clitophon）*，演说家吕西阿斯（Lysias）**十分活跃，柏拉图《克立托封篇》（ΚΛΕΙΤΟΦΩΝ/CLITOPHON 第三卷 406—410 页计 5 页）以此人名命名。

⊙寡头政府实行残酷的恐怖政策，受迫害者不下于战争时期牺牲于战场者，人们怨声载道。

* 此人见二⑫328，340。

** 又译：莱什阿斯，见朱译 90；赖锡阿，见郭、景译 242；吕西亚斯（Лисий）见《世界通史》2：1250。他的父亲的作坊，有 120 个奴隶在那里劳动。

●公元前 403 年 · 二四岁●

▲柏拉图很受苏格拉底赏识，成为他周围最接近的学生。

△苏格拉底的学生，从地区而言（一）来自好些城邦，不限于雅典；从职业而言（二）从事各地工作；从社会地位而言（三）各种身份都有；有一些学生，涉足政界（四）赫赫有名，后来他因几个劣迹昭著者反受其累。

（一）·麦加拉（位于地峡东部，西邻科林斯）的特尔卜细翁

(Τερφίων/Terpsion)* 。

• 伊利斯(伯罗奔尼撒半岛西北部)的斐多。

• 德拜的刻贝(Cebes)。

• 居勒尼(非洲北部)的阿里斯底波('Αρίστιππος ὁ Κυρηναῖος/Aristippus of Cyrene,435—350)。相传,他向苏格拉底交纳21米纳(minae)做学费,苏格拉底退还他;而他是苏格拉底一些追随者里第一个收取学费的人。

(二)• 制香肠者的儿子艾斯其纳(Αἰσχίνης Χαρίνου τοῦ ἀλλαντοποιοῦ/Aeschines,Charinus 之子,430—360)** 。

• 鞋匠西门(Σίμων 'Αθηναίος, σκυτοτόμος/Simon)***

(三)• 富裕公民克力同(Κρίτων 'Αθηναῖος/Crito of Athen)的四个儿子(Κριτόβουλος/Critobulus;'Ερμογένης/Hermogenes;'Επυγένης/Epigenes;Κτήσιππος/Ctesippus)。

柏拉图《克力同篇》(ΚΡΙΤΩΝ/CRITO,第一卷 43—54 页,计 21 页)+ 记述克力同探监、劝逃,苏格拉底不为之动。

• 奴隶斐多。

• 德莫托库斯(Δημοδοκος/Demodocus)的儿子塞亚各(Θεάγης/Theages)。柏拉图《塞亚各篇》(ΘΕΑΓΗΣ/THEAGES,第一卷 121—131 页,计 10 页)即以其名命之。

• 克里锡阿斯的亲戚、友人厄里克西阿斯('Ερυξεας/Eryxias)。柏拉图《厄里克西阿斯篇》(ΕΡΥΞΙΑΣ/ERYXIAS,第三卷 392—406 页计 14 页)即以其名命下。

(四)• 阿基比阿德

• 克里锡阿斯

· 查密迪斯

· 色诺芬

△色诺芬在三十僭主倒台后离开雅典，他知道自己的政治态度不会得到民主派政治家的谅解，就投奔波斯宫廷，由高尔吉亚的弟子普罗克塞诺（Πρόζενος Βοιώτιος/Proxenus of Boeotea）引荐，跻身军界，显示了非凡的将才；后返希腊（401 年），旋又投效色雷斯、斯巴达。

⊙雅典城邦民主分子主战派和寡头分子主和派的内战暂告结束。寡头政府内讧，三十僭主、十人委员会都不能挽救覆灭的命运，民主派卷土重来，恢复民主制度。雅典商业资本、高利贷资本又得到发展。

⊙克里锡阿斯、查密迪斯等被处死。

★在推翻三十僭主的时代没有地产的雅典人，还不到五千人。（《马恩全集》23：404 注）

* 又译：脱布襄；见郭译 63。此人见一⑦142、143，一④59C。

** 对苏格拉底这位高足，为了把他和同名演说家区别，称之为 Aeschines Socraticus，他写了几篇苏格拉底对话（Σωκρατικοὶ λόγοι），有人（埃雷特里亚〔位于希腊优卑亚岛中部东岸〕的梅奈德穆〔Menedemus of Eretria〕）说他这几篇实际上就是苏格拉底自己的，是臧蒂普私下给他的，不确。

*** 伯克（Boeckh）考证他是二⑧⑪的作者，于 1810 年编订出版。

＋ 希腊原文的英文注释本：戴耶（Louis Dyer）于 1885 年将之与一②合注，后，西摩（Thom. D. Seymour）增附一④三④片段和色诺芬的《回忆录》，246 页，美国波士顿，1908 年；瓦格纳（W. Wagner）评注一②③，125 页，波士顿，1877/79 年，均北京图书馆藏。英译本《克力同，又名：公民的义务》（Crito：or，The duty of a citizen，卡里译，纽约，1898 年）；现代希腊文译本：科斯马（Κυριακου Κοσμα）译，文白对照，116 页，雅典，1954 年。

●公元前 402 年·二五岁●

△帖撒里的美诺(Μένω/Meno)到雅典。他在帖撒里本是高尔吉亚(晚年寓居于此)的学生,来到这里后,接近苏格拉底。

柏拉图《美诺篇》(ΜΕΝΩΝ/MENO,第二卷 70—100 页 计 30 页)记载师弟二人讨论道德品质能传授与否问题。*

△《美诺篇》提到的几个人物:欧多罗斯(Εὔδωρος/Eudorus)麦里西阿斯(Μελησίας/Melesias)斯特方(Στέφανος/Stephanus)同时也是后世所传柏拉图伪作《论德行篇》(ΠΕΡΙΑΡΕΤΗΣ/DE VIRTUTE,第三卷 367—379 页,计 13 页)的人物。

△修昔底德返回雅典,潜居修史,著《伯罗奔尼撒战争史》。

⊙希腊万人远征波斯,色诺芬也参加。

* 又译:曼诺,见张译。中译本:张译(第 305—377 页)。

●公元前 401 年·二六岁●

△悲剧诗人阿伽通('Αγάθων / Agathon,生于 447 年)死。相传,他的剧作得奖(416 年)后,邀约友人到家会饮庆祝,苏格拉底也在受邀之列。

柏拉图《会饮篇》(ΣΥΜΠΟΣΙΟΝ / SYMPOSIUM;CONVIVIUM 第三卷 172—223 页,计 51 页)* 记述他们聚谈爱美、哲学修养等问题情形。

△伊利斯的斐多(十六岁)家乡沦陷,被敌方俘获,贩卖为奴,解到雅典。偶遇苏格拉底,替他请富裕的阿基比阿德(或克里托?)等聚款为他赎身;得到自由后,成为苏格拉底最亲近的学生。

柏拉图《斐多篇》(ΦΑΙΔΩΝ / PHAEDO,第一卷 57—118 页,

计 61 页)** 记述苏格拉底在狱中临终前向来劝慰、告别的学生们坦然畅谈灵魂不朽的情形。对话以毕达戈拉派后期成员、夫利阿斯*** 的爱开克拉地斯('Εχεκράτης ὁ Φλιάσιος / Echecrates of Phlius) 在夫利阿斯向斐多询问做引子,斐多介绍亲临目睹一切。

相传,当初,柏拉图写成初稿,名为《论灵魂》(Περὶ ψυχῆς)朗读给学生们听,只有亚里士多德坚持听完。

* 又译盛筵,见赵雅博《希腊三大哲学家》台北,1965 年;飨宴,见罗成纯主译《世界文明史·古代希腊》(第 224 页),台北地球出版社,1977/78 年;饮宴篇,见何译 28。

中译本:朱译(第 211—292 页);郭、景译,筵话篇(第 181—239 页);林苑文译《爱的对话》(84 页),重庆国际文化服务社,1945 年,重庆市图书馆藏,《恋爱论》,上海国际文化服务社,1947 年,重庆市图书馆藏。吴锦裳译《飨宴》(134 页),台湾省,1970 年。

法译本:Le Banquet ou de l'Amour, 默尼埃 (M. Meunier)译,237 页,巴黎,1923 年;罗斑译,法希对照,收于《全集》第四卷第二册,185 页,巴黎,1976 年,皆上海图书馆藏。

** 中译本:郭、景译,斐都篇(第 59—180 页);张译,菲独(第 99—206 页)。

英译者利文斯通爵士(Sir R. W. Livingstone)以本篇和另两篇(一②,一③)编译为《苏格拉底画像》(Portrait of Socrates,牛津,1938/66 年)出版,商务印书馆资料室藏;摩尔(P. E. More)编译为《苏格拉底的审判》(The Judgment of Socrates,小 32 开,94 页)波士顿,1898 年,西安西北大学图书馆藏。约翰孙(S. Johnson,1709—1784)于 1783 年出版的译文(一③④)由摩莱(H. Morley)出版于 1888 年,64 开,192 页,伦敦,商务印书馆资料室藏。布卢克(R. S. Bluck)译注本,208 页,1955 年,纽约,哲学所图书馆藏。

德译本:Platons dialog : Phaidon;oder über die unsterblichkeit der seele ,155 页,来比锡,第二版(2 aufl.),1920 年;法译本:Le phédon ou de l'Ame,勒梅尔(P. Lemaire)译注,巴黎,1941 年,皆上海图书馆藏。

*** 又译：弗里翁特(ὁ Φλιοῦς / флиунт)见《世界通史》2：1279；菲留市(Phlius)之伊奇块替，见郭译 60。位于伯罗奔尼撒半岛东北部阿索帕斯河上游，从西库翁入科林斯湾。

公元前 400 年・二七岁

△修辞学家斐德若(Φαῖδρος/Phaedrus，生于 450 年)死。

柏拉图《斐德若篇》(ΦΑΙΔΡΟΣ/PHÆDRUS，第三卷 227—279 页，计 50 页)* 记述他向苏格拉底讨论修辞学情形，通篇中心是苏格拉底评论演说家吕西阿斯的一篇文章。

△相传苏格拉底生前听到柏拉图《李斯篇》(ΛΥΣΙΣ/LYSIS，第二卷 203—223 页，计 21 页)，记述在民主派政治家厄庇克拉特('Επικράτης/Epicrates)** 家中一次讨论经过，苏格拉底听过后说，这后生杜撰了我多少话呀！***

△历史学家修昔底德去世。

* 中译本：朱译(第 90—177 页)；郭、景译，斐德罗篇(第 241—314 页)。

希腊原文的英文注释本：汤普森(W. H. Thompson)，伦敦，1868 年。

南京图书馆藏：Fedro，意大利都灵，1937 年。

北京师范大学图书馆藏：Phaidros；oder，Vom Schönen，施莱马赫译，来比锡，83 页，英译者赖特(J. Wright)以本篇和二⑦一⑩共三篇合译为一卷，据贝克版，273 页，伦敦，1929。

** 又译：伊匹克雷，见郭、景译 242。

*** 有人指出，第欧根尼・拉尔修所记这轶闻，乃混淆了安提西尼和柏拉图，事实是安提西尼写过苏格拉底对话，苏格拉底听到后不以为然，而柏拉图写对话已是苏格拉底去世之后。

●公元前 399 年 · 二八岁●

△春季：苏格拉底被控渎神、败坏青年，控告人是悲剧诗人美勒多（Μέλητος/Meletus）煽动者吕空（Λύκων ὁ δημαγωγός/Lycon the demagogue）民主派政治家安尼多（'Ανυτος / Anytus）。*

▲柏拉图参加苏格拉底受审会。

△苏格拉底于被控告，向游叙弗伦（Εὐθύρον / Euthyphro）剖白自己对神的态度。

柏拉图《游叙弗伦篇》（ΕΥΘΥΦΡΩΝ / EUTHYPHRO，第一卷 2—16 页，计 14 页）** 记述苏格拉底向游叙弗伦请教虔敬问题，介绍被告情形。

△苏格拉底被判处死刑，自选办法是服毒自尽。留下妻了臧蒂普 *** 和三个孩子。

△柏拉图《苏格拉底的申辩》（ΑΠΟΛΟΓΙΑ ΣΩΚΡΑΤΟΥΣ / APOLOGIA SOCRATIS，第一卷 17—42 页，计 25 页）+ 记述苏格拉底出庭辩白情形。

△柏拉图《美尼仁诺篇》（ΜΕΝΕΞΕΝΟΣ / MENEXENUS，第二卷 234—249 页，计 15 页）是以苏格拉底一个儿子的名字命名的。

△阿里斯底波在爱琴那岛。

⊙马其顿国王阿刻劳斯遇害，马其顿国势当即转入短暂衰弱时期。

* 又译：梅赖陀、李康、安尼陀，见张译 43；梅利托、——、安托尼，见《哲学史讲演录》2：96；梅雷多、——、安虞铎，见《西方哲学原著选读》上卷 69；梅勒土斯、——、阿尼图斯，见何宁译《西方名著提要 · 哲学社会科学部分》

(汉默顿编)(416 页),商务印书馆,1963 年;梅勒士、李康、安尼士,见郭景译 3;米里忒斯、赖亢、安尼忒斯,见《苏格拉底》69;——、莱康、——,见朱译 323;梅利特、李空、阿尼特,见王汶《人怎样变成巨人》(伊林著,三部,第二部 582 页)412,开明书店,1950 年。

据李巴努(Libanius 14.10),美勒多先控告,安尼多继之,吕空附和安尼多,三人劲头不一样,参看克罗斯特(Anton-Hermann Chroust)《苏格拉底本相》(Socrates,Man and Myth,the two Socratic Apologies of Xenophon,伦敦,1957 年,336 年)第 256 页,北京图书馆藏。

** 中译本:张译,欧雪佛洛(第 1—34 页)。

英译者丘奇(F. J. Church)以本篇和其他三篇(一②,一③,一④)编译为《苏格拉底的审判和处刑》(The Trial and Death of Socrates,大 64 开,213 页)出版于伦敦,1880/1926;商务印书馆资料室、上海复旦大学图书馆均藏。英译者福勒(H. N. Fowler)在上述四篇之后,加上三⑤编译为一集,收于《娄卜经典丛书》(Loeb's Classical Library)希英对照本,1914 年,北京大学图书馆藏(1928),商务印书馆资料室藏(1977)。特伦丹尼克(H. Tredenick)编译为《苏格拉底之死》(The last days of Socrates,161 页),1954 年,西安西北大学、开封河南师大图书馆藏。

德译本:《苏格拉底的答辩和克力同》(Platons Verteidigungsrede des Sokrates und Krito)克龙(Christian Cron)译,来比锡,1882 年。

*** 又译:赞替帕,见张译 103;藏蒂菩,见久保天随著、张相译《苏格拉底,西洋孔子》(68 页),光绪二十八年,杭州合众书局,杭州浙江省图书馆藏;张体白,见陈筑山《哲学之故乡》(272 页)130,中华书局,1925/29 年,

+ 中译本:张译,辩诉(第 35—76 页);郭、景译,自辩篇(第 1—35 页)。

希腊原文的英文注释本:①Platonis Apologia Socratis,阿当(J. Adam)编注,136 页,剑桥,1916 年,厦门大学图书馆藏;②Plato:Apology of Socrates,米尔斯(T. R. Mills)编注,后附译文,95+31 页,伦敦,厦门大学图书馆藏;③The Apology of Plato,里迪尔(Rev. James Riddell)校订并注,附柏拉图用语汇编,244 页,牛津,1867 年,北京图书馆藏。④泰勒(W. S. Tylor)注释(99—180 页)一②③,有序(1—37),纽约,1866 年;⑤吉特蔡尔(C. L. Kitchel)注释(117—167)一②③和部分一④,版本说明、内容分析详细,纽约,1898 年;均

北京大学图书馆藏。⑥伯纳特(J. Burnet)注释(63—212 页)—①②③,牛津,1924 年,科学院图书馆藏。

避风和游学时期
—·—(三)—·—
(398—387)

●公元前 398 年 · 二九岁●

▲苏案发生后,柏拉图随同其他苏门弟子纷纷离开雅典到外地避风。先西走,到地峡,找到麦加拉办学的欧几里德('Εὐκλείδης ὁ Μεγάρις / Euclides of Megara,生于 450 年),再去埃及(?)南意大利、西西里岛等地。

⊙叙拉克经过狄奥尼索锐意经营,谷物、牲畜都大大发展了,换进希腊的手工业品,整个国家治理得颇有起色。凭强盛的国力,向迦太基宣战,逐步收拾岛东部一些城市,肃清盘踞于那一带的迦太基势力,终其余生,迫使迦太基人退缩到只占全岛三分之一左右。*

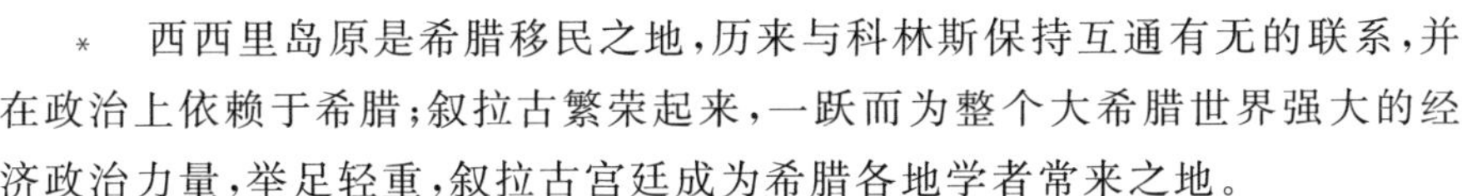

* 西西里岛原是希腊移民之地,历来与科林斯保持互通有无的联系,并在政治上依赖于希腊;叙拉古繁荣起来,一跃而为整个大希腊世界强大的经济政治力量,举足轻重,叙拉古宫廷成为希腊各地学者常来之地。

●公元前 395 年 · 三二岁●

▲柏拉图再度服兵役。

△色诺芬回雅典,他从赫莫根尼('Ερμογένης / Hermogenes)等人详细了解苏格拉底受屈致死的种种情节,后来,写出《苏格拉底的申辩》('Απολογίαν τε Σωκράτους καί / A Defence of Socrates)

《苏格拉底回忆录》(᾽Απομνημονεύματα / Memorabilia)《筵话篇》(Συμπόσιον τε καὶ / Symposium)* 等。

不久,离开雅典,到斯巴达,站到斯巴达一方,参加科林斯战争;因而受到雅典城邦对他缺席审判,判处死刑。

⊙科林斯战争(395—387)。

* 又译: 名人言行录,宴会,见《希腊的黄金时代》164;师门回忆录,饮宴篇。

色诺芬这三部著作,伊姆舍尔(Johannes Irmscher)译为德文 Erinnerungen an Sokrates,194 页,柏林,1955 年,重庆市图书馆藏;英国里依(Ernest Rhy)所编《大众丛书》(Everyman's Library)的古典类(Classical)将之和柏拉图的五篇(二⑥,一⑩,一①,一②,一③)辑为《柏拉图、色诺芬:苏格拉底对话》(Socratic Discourses,364 页,伦敦,1910 年),1944 年,西安西北大学图书馆藏。

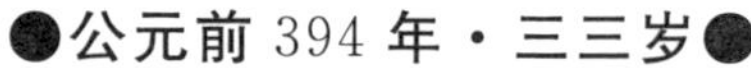

●公元前 394 年・三三岁●

⊙雅典将军科农(Κόνων / Canon)指挥下,希腊、波斯联合舰队击溃斯巴达舰队。

⊙叙拉古狄奥尼索二世生。

●公元前 393 年・三四岁●

⊙科林斯、雅典* 筑长城(走廊墙),局势好转。

* 雅典的走廊墙原已按 404 年和约拆毁,这次由科农主持重修。

●公元前 392 年・三五岁●

▲大约在之前后,柏拉图撰写《苏格拉底的申辩》*《克力同篇》《游叙弗伦篇》《查密迪斯篇》《雷歧兹篇》《李斯篇》等,通常称为

早期著作。

△伊索格拉底在雅典开办学校，教学生演说术。

△波吕格拉底（Πολυκράτης / Polycrates）发表演说反对伊索格拉度。

* 法译者巴斯蒂安（A. Bastien）以本篇（Apologie de Socrate）和其他三篇（一③，一④，一⑬）编译为一集，收于《柏拉图全集》（Oeuvres de Platon）商务印书馆资料室藏；英译者伍德海德（W. D. Woodhead）以上述四篇，加上一篇（一①）于前，合共五篇，编译为《苏格拉底对话》（Socratic Diologues，1953/58）中国科学院图书馆藏，前者只有罗马数字章码，后者照例有斯特方页码。

●公元前 390 年・三七岁●

▲访问南意大利塔仑顿城* 的阿启泰（'Αρχύτας Μνησαγόρου Ταραντῖνος / Archytas of Tarentum，Mnesagoras 之子。）这位菲罗洛的学生，接受毕达戈拉观点，在塔仑顿掌握政权，团结一批毕达戈拉派成员于周围。

▲访洛克里（位于科林斯湾北部）的蒂迈欧。

▲访夫利阿斯的毕达戈拉派成员。

△伊索格拉底发表演说反对智者派。

△本都人赫拉克利特（'Ηρακλείδης Εὐθύφρονος 'Ηρακλεώτης τοῦ Πόντου）生于黑海本都国赫拉克勒亚城。

* 又译：他林敦，见《世界文明史・希腊的兴起》封三：古代意大利和西西里，地图。

●公元前 388 年・三九岁●

▲访问西西里岛。* 相传，应叙拉克僭主狄奥尼索斯一世之邀

前去。在那里,很赏识僭主的小舅子,年轻的狄翁,他爱好哲学。狄翁的姐姐希巴里诺斯('Ιππαρῖνος / Hipparinus)不久之前刚嫁给僭主。

不久,言谈间得罪僭主,被当作奴隶送给斯巴达使节波里斯(Polis),带他到爱琴那岛(Aegina),** 在那时,给居勒尼来的友人安尼舍里斯('Αννίκερις ὁ Κυρηναῖος / Anniceris)*** 发现,设法为之赎身,送返雅典。

* 从雅典启程,通常于航行季节三月初酒神狄奥尼修斯节取道科林斯,穿过科林斯海湾出海,航程约七至十日,晚秋就不宜行驶了。

柏拉图出访的目的和动机,众说纷纭,普鲁塔克说是狄翁慕名推荐的结果,有的说是狄翁从塔仑顿请去的,也有说是去看那里远近闻名的火山壮观,甚至有说是去品尝宫廷上馔,不一而足。

** 正是389—387年间,雅典与对面爱琴那岛之间在萨罗尼克湾上的商业贸易是正常进行的,那时期,雅典旅客行商在爱琴那被拐卖人者(ἀνδραποδιστής)劫掠,掳为奴贩卖,据说并非罕见。话说回来,这位僭主早先对菲罗克森(Φιλόξενος / Phlioxenus,435—380)也是贩之为奴的。一说柏拉图给僭主以二十米那的代价卖掉的,见狄奥多罗(Diodorus Siculus)《历史丛书》第十五卷第7页(奥尔德发德〔C. H. Oldfather〕)英译,第六册第343页,1954/63年,菲尔德《柏拉图及其同时代人》(G. C. Field, Plato and His Contemporaries,1930/74,纽约)第18页,北京图书馆藏。

爱琴那,又译:伊京那,见张译103;伊斋那/埃介那(Этина),见《世界通史》第二卷地图四。

*** 史称"为柏拉图赎身的安尼舍里斯"('Αννίκερις ὁ Πλάτωνα λυτρωσάμενος)。

办学和游说时期

—·—(四)—·—

(387—361)

●公元前 387 年·四十岁●

▲ 大约柏拉图回到雅典后，就开始个人教学活动，初期，他和智者派教师在形式上有点近似，并无固定教学地点，和学生的关系仅只是个人之间的一种交往。

▲大约在苏格拉底去世十年后，在 390 至 387 年间，继《普罗泰戈拉篇》《美诺篇》之后，撰写《尤息德莫斯篇》(ΕΥΘΥΔΗΜΟΣ / EUTHYDEMUS，第一卷 271—307 页，计 35 页)* 。

⊙萨斯和会结果，小亚细亚的希腊人城邦属波斯，列木诺斯诸邦则仍属雅典，科林斯战争告终。

* Eutidemo，意大利都灵，1929 年，南京图书馆藏。

●公元前 386 年·四一岁●

⊙叙拉古的菲利斯托斯被狄奥尼索斯解职。

●公元前 385 年·四二岁●

▲为友人阿里斯托芬撰墓志铭。

△泰阿泰德听柏拉图讲学。

△安尼多在政府中担任谷物检查官(σιτοφύλας / graininspector)。大约不多久他就给驱逐出雅典，而在赫拉克勒亚给人用石头砸死。*

苏案后一个时期，雅典人重新审查这桩案件，认定苏格拉底受冤屈，** 于是关闭一些活动场所(例如：体育场)，接着判处美勒多死刑，把其他诬告者驱逐出境。

⊙苏格拉底雕像(雕刻家吕西波(Λυσίππος / Lysippus)作)作为平反的一项措施，大约在这之后立于一陈列厅。

* 此人见一②，也见于二②90A，二⑫336；色诺芬《回忆录》有一卷写苏

格拉底劝导安尼多之子。

** 关于苏案，我国教育家、诗人陶行知有首诗：

这位老人家，为何也坐牢？

欢喜说真话，假人都烦恼。

（转引自吴涵真：说假话做假事，载《宇宙风》杂志第74期〔1939年〕第85页）

他1938年到欧洲宣传抗战，归途经雅典，专诚参观石牢，坐五分钟以示敬仰，又写诗以志感。

今年，杜汝楫著文对1957年前后我国一些文章对苏案所持态度表示意见，认为当时否定苏格拉底是不对的，杜文见《百科知识》月刊第7期第21—23页。而叶秀山则全面回顾了这个问题，见《外国哲学史论文集·第二辑》第153—209页，山东人民出版社，1981年。

●公元前384年·四三岁●

△斯塔吉拉人亚里士多德（'Αριστοτέλης Νικομάχος Σταγειρίτης/Aristotle of Stagira，Nicomachus之子）生。不久，他的父亲担任马其顿国王阿岷塔斯（'Αμύντας / Amyntas，394—369）二世的御医，他也就随家庭前往马其顿京城埃楷，少年时代就这样在马其顿宫廷度过。

△雄辩家、演说家德谟斯梯尼（Δημοσθένης / Demosthenes）生。他的父亲的作坊有63个奴隶劳动。

●公元前380年·四七岁●

▲得到亲友的资助，* 大约在这些年，在雅典西北郊外两公里的陶器区（Ceramicus）** 克赛费苏斯（Cephissus）河边纪念传说英雄阿卡得摩斯（'Ακαδημος / Academus）的阿卡得米亚（ἀκαδήμεια / Academia）圣林中购置地皮开办学校，世称“柏拉图学园”。

△伊利斯的美尼德谟(Μενέδημος / Menedemus of Eretria in Elis)在家乡奉命前往麦加拉执行军事勤务,私自前来访看柏拉图学园,因系交战期间擅自行动,受到追究;他趁此径直找上斯提尔波(Στίλπων Μεγαρεὺς / Stilpo of Megara),后并转往伊利斯,加入斐多学派。

△诗人菲罗克森死于埃菲索斯。他本是狄奥尼索斯一世宫廷座上客,宾主龉龃后出走,先后在南意大利塔仑顿、希腊逗留。

* 相传,他筹到一笔款是要还朋友以抵赎身费用的,为友人所婉拒,转而移作学校开办费。

** 陶器是雅典通过比雷埃夫斯港出口的大宗手工艺品。

●公元前 378 年・四九岁●

△雅典演说家吕西阿斯死。他本是叙拉古人,父亲十分富有,伯里克利劝他们留居雅典。404 年一度受到寡头政府判处。

●公元前 376 年・五一岁●

△智者派哲学家高尔吉亚在帖撒利去世*,柏拉图《高尔吉亚篇》(ΓΟΡΓΙΑΣ / GORGIAS,第一卷 447—527 页,计 81 页)** 记述苏格拉底和高尔吉亚、包路斯(Πῶλος / Polus)卡里克列(Καλλικλῆs / Callicles)讨论的情形。

△色诺克拉底(Ξενοκράτης 'Αγαθήνορος Χαλκηδόνιος / Xenocrates of Chalcedon,Agathenor 之子,生于 396 年)青年时代就在柏拉图门下学习。

⊙伯罗奔尼撒舰队在那克索斯岛附近惨败,伯罗奔尼撒同盟瓦解,斯巴达国势从此一蹶不振。雅典同盟壮大,十七个小国参加同盟。

* 据泡赛尼亚(Pausanias,6.17.9),高尔吉亚死时105岁,100岁时,在费拉(Pherae)会到波利克拉底。他的家乡列翁提尼,又译:林地尼,见《伯罗奔尼撒战争史》地图9;列安提尼,见《世界通史》第二卷地图6。

** Gorgias of Plato(242页),沃尔西(Theodore D. Woolsey)据斯塔鲍姆(Stallbaum)版译注,1848年,北京图书馆藏。

●公元前374年·五三岁●

△麦加拉的欧几里德死。早年,他在麦加拉和雅典交战期间冒险前来听苏格拉底讲演。后来,他形成自己的学派,人们称之为麦加拉学派,他死后又得名为伊利斯派(ἐριστικοι / Eristics 辩论者)*,更往后又得名为辩证术家(διαλεκτικοί / Dialecticians)。

* 又译:好辩学派,见樊炳清《哲学辞典》872。

●公元前373年·五四岁●

△数学家、天文学家欧多克索(Εὔδοξος Αἰσχίνου Κνίδιος / Eudoxus of Cnides, Aeschinos 之子)来雅典,两个月后,返回家乡克尼多斯。* 年内,带着斯巴达国王阿刻西劳写给法老奈旦尼伯(Νεκτάναβες / Nectanbes)的推荐信,由同乡克里西波(Χρύσιππος ὁ 'Ερίνεω Κνίδιος,Erineus 之子,生于390年)** 陪同前往埃及,在那里约摸十六个月。

⊙爱琴海发生大海啸,附近地区发生地震。

* 位于今土耳其西南小半岛顶端,遥对罗得岛。小亚细亚靠海这一带是希腊移民区,欧多克索相传受命为城邦立法,他是博学多能的人。

** 此人后来成为医生。

●公元前 372 年·五五岁●

△博物学家,列斯堡岛人(Λέσβος / Lesbos)德奥弗拉斯特(Θεόφραστος Μελάντα 'Ερέσιος / Theophrastus,Melantes 之子)生于埃利索斯镇(''Ερέσσς / Eresus)。

少年时听乡人阿尔西布斯('Αλκίππος / Alcippus)的讲演,继而听柏拉图的课,最后成为亚里士多德的高足,接任吕克昂学院院长,在博物学上做出杰出贡献,并使逍遥学派名闻希腊世界。

●公元前 371 年·五六岁●

△欧多克索从埃及到小亚细亚西北角的居西库斯(Κυζίκῳ/ Cyzicus)* 然后又转往普罗庞提(the Propontis),先后在那些地方讲学,又成为莫索洛斯(Μαυσωλὸν / Mausolus)的客人。

他善于学习,在西西里向菲里斯都姆(Philistium)请教医学,在埃及向赫留波里(Heliopolis)的祭司请教天文学。

△安提西尼去世。

⊙留克特拉(Leuctra)** 山谷会战,底比斯*** 军在伊巴密浓达('Επαμεινώνδας / Epaminondas,生于 420 年)指挥下,大败斯巴达,以底比斯为核心的比奥细亚同盟组成,其势力伸入伯罗奔尼撒半岛。

* 又译:居叙可城,见吴寿彭《政治学》(亚里士多德著)第 26 页注。

** 位于中希腊西部,靠近科林斯湾,属于比奥细亚。

*** 又译:西布斯,见《中外历史年表》77。

●公元前 370 年·五七岁●

△德谟克里特去世。相传,他在家中行三,分得财产一百塔兰同,用来游历求学,足迹遍及许多地方,见到留基波(Λεύκιππος Ἐλεάτης / Leucippus of Elea,鼎盛年:440 年)* 希波克拉底等。

撰写的著作涉及许多学科:天文学、地质学、物理学、气象学、生物学、数学,当时颇为流传。莫怪柏拉图一度想搜购来付之一炬,以免"谬种流传"。**

晚年,他回到家乡,受到妹妹照顾,无疾而终。

★德谟克里特努力从埃及的祭司、波斯的迦勒底人和印度的裸体智者那里寻求知识。(马克思:《博士论文》10)

★在两千年的哲学发展过程中,唯心主义和唯物主义的斗争难道会陈腐吗,哲学上柏拉图的和德谟克里特的倾向和路线的斗争难道会陈腐吗?(《列宁全集》14:128)

△卡利亚士去世。***

* 又译:来乌起保斯(レウキッポス)见,《基本粒子》第 69 页,1975 年,刘西巴士(Левкипп),见黄凌霜(文山)《西洋知识发展纲要》(624 页)第 30 页,上海华通书局,1932 年。

** 据阿里士多塞诺斯(Ἀριστόξενος / Aristoxenus)《历史笔记》。

*** 此人见于二①19B,一⑦164E,三⑭395A,三⑨366C,一⑫391C。

●公元前 369 年·五八岁●

△泰阿泰德去世。去世前,他已经是柏拉图学园成员,发挥十分积极的作用。

△苏格拉底的老师、数学家德奥多罗(Θεόδωρος τὸυ μαθηματικὸν/ Theodorus,生于 460 年)* 去世。这位居勒尼(Cyrene)学者的课,柏

拉图游学途中听过。

△色诺芬于留克特拉会战后，迁居科林斯，虽然本年雅典方面对他特赦，他终老于科林斯。

⊙狄奥尼索斯一世的两个儿子在雅典获得公民资格。

* 此人见于一⑦，一⑧216A—217B，二⑩257A—C。苏格拉底称他为"优秀的量地师"(a good geometrician)，见色诺芬《回忆录》第四卷第二章。

他的同名者较多，有一位属居勒尼学派哲学家，是阿里斯提波的三传弟子，即其外孙阿里斯提波的学生，称为"无神论者德奥多罗"(Θεόδωρος ὁ ἄθεος)，见第欧根尼·拉尔修，第二卷第86页。另有一位是拜占庭修辞家，见朱译144，作：忒俄多洛斯。

●公元前368年·五九岁●

▲柏拉图学园从不拘形式，无固定地点到有房屋校舍；从学生来去无固定关系到学生学习得到由浅入深的安排，从学习修辞学到几何天文以至学习法律、政治、哲学，学园的老师由少而多，逐渐配备，这个过程是经过柏拉图以及他手下一批得力助手(据说共二十八位)长期经营的。*

泰阿泰德、欧多克索、克里西波，这些数学家(前二者)先后加入学园，对于学园的形成和发展具有决定作用。相传，学园十分重视数学几何学作为基本课程的学习，门口就题着几个大字：不懂几何学，请勿入我门(μηδεὶς ἀγεωμέτρητος εἰσίτω μοῦτὴν στέγην)。**事实上，柏拉图学派在数学、天文学史上自成一派，占有特殊地位。

▲接到狄奥尼索斯一世的邀请，请他参加下年的宫廷庆祝活动。

⊙狄奥尼索斯一世治理有方，国家兴旺，邀请希腊名人学者来宫廷欢庆。一世邀请伊索格拉底、柏拉图、阿里斯提波、艾斯其纳以及其他人前去。

* 喜剧诗人伊璧克拉底(Epicrates)有一段残篇描述阿加德米体育场上学生们学习自然常识的情形,柏拉图、斯彪西波、美尼德谟对他们谆谆善诱,见《柏拉图及其同时代人》第 38—39 页。

** 又译:非知形学者,不可入吾室也,见《希腊春秋》卷五第 43 页。参看特泽特泽(Johannes Tzetzes / 'Ιωάννης Τζέτζης,十二世纪)《奇里阿德》(Chiliades),转引自梁宗巨《世界数学史简编》第 107 页,沈阳辽宁人民出版社,1981 年。

●公元前 367 年·六十岁●

▲柏拉图把学园交由欧多克索主持,自己应叙拉古僭主狄奥尼索一世之邀,第二次前往西西里岛访问,随身带着《理想的国家》(Ideal State)和《克里锡阿斯》(未终篇),同行者有弟子和友人:阿里斯提波、色诺克拉底、斯彪西波(他反对这次访问)、艾斯其纳等,像个哲学家代表团。

△亚里士多德由监护人普罗克森(Προξένος / Proxenus of Atarneus)携来雅典,先听伊索拉底的修辞课,后转入柏拉图学园。

⊙狄奥尼索一世的悲剧《赫克托的赎金》(Ransom of Hector)在雅典的勒那亚节(τά Λήναια / Lenaea)上获首奖。

⊙老狄奥尼索(ὁ πρεσβύτερος Διονύσιος / Dionysius the Elder)死,二世继位。

●公元前 366 年·六一岁●

▲柏拉图眼看小狄奥尼索仓促继位,忙于政权巩固,国事、军

务一时纷沓而来，无暇礼贤下士，狄翁又因失去权力自顾不暇，一行人终于怅怅然离开叙拉古。

△怀疑派奠基人皮浪（Πύρρων 'Ηλεῖος Πλειστάρχου / Pyrrho of Elis Pleistarchus 之子）生。

⊙小狄奥尼索从狱中起用菲利斯托斯（435—356），* 深恐狄翁篡权，伺机要指控狄翁并置诸死地。

⊙狄翁被剥夺海军领导职务 **，与弟弟和一要塞司令逃往伯罗奔尼撒。

⊙叙拉古和迦太基重启战端。

* 他在狱中写《西西里史》（Σικελικά / Sicelica）。

** 据柏拉图的第七封信，他到叙拉古后三个月，狄翁就失宠。

●公元前 365 年・六二岁●

▲相传柏拉图介绍雅典人欧菲雷乌（Euphraeus of Oreos）给马其顿国王柏狄卡斯。

柏拉图《书信集》（ΕΠΙΣΤΟΛΑΙ / EPISTOLÆ，第三卷 309—363 页，计 54 页）*。

柏拉图声名远播希腊世界许多国家。他自己亲赴叙拉古固然两次都未能施展抱负；据萨莫斯的柏拉图主义者巴姆菲罗（Παμφίλος / Pamphilus）在《回忆录》（'Υπομνημάτων）里说，阿亚加狄亚人和底比斯人在亚加狄建立麦加罗城邦（Megalopolis，伯罗奔尼撒中部）时是邀请他前去指导立法的（他未去）。

他的学员成为各地统治者延揽的对象，他常凭自己广泛的声誉和交游，应各城邦的招聘输送自己的学生。**

⊙马其顿王阿岷塔斯的儿子柏狄卡斯(Περδίκκας / Perdiccas,365—359在位)杀死托勒密(Ptolemy of Alorus),夺回其兄亚历山大二世被托勒密谋害而篡去的王位。

* 德文本:Die briefe Platons ,真品(Die echten briefe,第六至第八封信),希德对照,赝品(die unechten briefe,第一至第五封,第九至第十三封)只有希腊文,197页,1923年,苏黎士。Platon,Briefe,十三封(第17—117页)附录:第十四至十八封,摘自C. Fr. Hermann(第118—122页)伊默舍尔(J. Irmscher)译,1960年,柏林,商务印书馆资料宝藏。英文本:The Platonic epistles,哈沃德(J. Harward)译,243页,剑桥,1932年。Thirteen Epistles of Plato,十三封信的顺序为:十三(366年,给狄奥尼索)二(363年,同前)十一(360年,给劳达马斯)十(365年,给狄翁)四(356年,同前)三(356年,给狄奥尼索)七(353年,给狄翁友人)八(352年,同前)六(350年,给赫米阿斯等三人);以下为疑作:一(给狄奥尼索)五(给柏狄卡斯)九、十二(给阿启泰),波斯特(L. A. Post)译,167页,牛津,1925年,北京大学图书馆藏。

** 据普卢塔克(Plutarch)《反对科罗特》(Adv. Colot.)1126C,柏拉图派阿里斯托尼谟(Aristonymus)去阿卡狄亚(Arcadia),弗尔苗(Phormio)去伊利斯,美奈得谟(Menedemus)去匹剌(Pyrrha)。普卢塔克的记载未便全信,但这一类事,想必是有的。

●公元前364年·六三岁●

⊙本都国赫拉克勒亚城僭主、苏格拉底和柏拉图的学生克勒阿吉(Κλέαρχος / Clearchus,? —353)设立图书馆。*

* 参看帕森斯(E. A. Parsons)《阿历山大城图书馆》(The Alexandrian Library)第11页。

●公元前362年·六五岁●

△犬儒派哲学家,西诺布人第欧根尼(Διογένης ʽΙκεσίου

Σινωττεύs / Diogenes of Sinope，Hicesius 之子，生于 404 年）到雅典。

他和柏拉图有私交，到过柏拉图家（在科罗诺〔Colonus〕），谈过柏拉图访叙拉古事，等等，但是思想上，他与安提西尼一致，他认为柏拉图的讲课白费人家时间，他以他惯有的态度鄙视柏拉图家的摆设。

△狄翁从叙拉古流亡来希腊。前后十年，在雅典，与柏拉图学园关系较多，和斯彪西波过从很密。

⊙底比斯再次挫败斯巴达，同时自己的统帅伊巴密浓达也于门丁尼亚（Mantinea）战役阵亡。

●公元前 361 年 · 六六岁●

▲柏拉图把学园交给本都人赫克拉利特主持，自己应小狄奥尼索（也许是通过阿启泰提出的）之邀第三次前往西西里访问。四年来，他们始终保持着联系，这次同行者有：斯彪西波、阿里斯提波、欧多克索、色诺克拉底。

▲访问定居于叙拉古的阿启泰的学生阿其得谟（'Αρχέδημοs / Archedemus）。可能，阿其得谟访问过柏拉图学园。

▲柏拉园受到怀疑，以为他支持流亡于希腊的狄翁，后者积极准备重返叙拉古，于是被小狄奥尼索扣留。幸赖毕达戈拉派友人（特别是塔仑顿的阿启泰）多方营救，始获释，辗转返雅典。

△相传，艾斯其纳一直留在叙拉古，直到这次一块受怀疑，一块受逐才离开。

△阿启泰大约在这些年里死于海上失事。他是塔仑顿城邦的将军，七次当选。

聚集在他周围的，加上在克洛同(Croton)活动的学者，希腊人在这个殖民地带形成了毕达戈拉学派数学、天文学中心，柏拉图第一次从雅典出走经过这里，跟他结识，并吸收到数学、天文学知识。这次在叙拉古宫廷陷入困境时，得到阿启泰方面为之而向叙方施加压力，可见两人双方关系密切。

△阿启泰的政敌菲阿克(Φαίας / Phaeax)。后世所传柏拉图伪作《厄吕克西阿斯》提到他。

办学和著述时期

—·—(五)—·—

(公元前360—前347)

●公元前360年·六七岁●

▲春季：在第一百零五届奥林匹克节上见到狄翁。

▲柏拉图收到学生、数学家劳达马斯(Λαοδάμας / Laodamas of Thasos)来信，提到他在家乡奉命为新拓殖的城邦制定法律，于是坚邀柏拉图前去具体指导，或者派小苏格拉底*去，否则他要前来亲聆。

小苏格拉底是柏拉图《政治家篇》(ΠΟΛΙΤΙΚΟΣ / POLITICUS，第二卷257—311页，计54页)**的发言者，年纪小于柏拉图一二十岁，属于泰阿泰德同辈，此时当在五六十岁上。

△演说家斯特拉托尼克(Στρατόνικος / Stratonicus，生于410年)死。他是后世所传柏拉图伪作《西许弗斯篇》(ΣΙΣΥΦΟΣ / SISYPHUS，第三卷387—391页，计4页)中的人物。

△可能，亚里士多德陪伴柏拉图前往叙拉古，而于二三月和欧

多克索转去塔仑顿，既考察了西西里的水生动物，又从阿启泰、阿其得谟、菲里斯幸(Philistion)学到毕达戈拉学说，甚至得到阿启泰的著作。***

* 此人见一⑦147D，一⑧218B。严译第 32 页，泰阿泰德向苏格拉底提到“与你同名的此君”；第 134 页，泰阿泰德向爱利亚地方的客人提到“和苏格拉底同名的朋友”。又见《柏拉图书信·第十一封》358D。柏拉图书信赝品居多，一般认为只有第七封(给狄翁友人)、第十三封(给劳达马斯)可信，但这许多信所提到的人和事未尝不值得注意。

** 法译本 Le Politique，ou de la Royauté 收于达西埃版第六卷。英译本 The Stateman，斯肯普(J. B. Skemp)译，244 页，伦敦，1952 年；克莱因(J. Klein)译，与一⑦⑧合为《柏拉图对话三篇》(Plato's Trilogy)，200 页，芝加哥，1977 年；皆上海图书馆藏。德译本 Politikos oder Vom Staatsmann，阿佩尔特(Otto Apelt)译，杭州大学图书馆藏。

*** 参看赖里(Gilbert Ryle)《柏拉图思想进程》(Plato's Progress，剑桥，1966 年，311 页)第 194 页，商务印书馆资料室藏。又，狄奥多罗《历史丛书》第十五卷第 76 页，英译本第七册第 163 页。

●公元前 359 年·六八岁●

▲柏拉图与腓力无个人联系，但他的学生有几个是在腓力手下活动的，例如：德留斯(Delius of Ephesus)，他参加远征波斯之役，毕托(Pytho of Aenus)为腓力的代言人、代表，赫拉克利特(Heraclides of Ænos)则是刺杀色雷斯王哥提斯(Κότους / Cotys)者。

⊙马其顿的腓力(Φίλιππος / Philipp)* 于柏狄卡斯死于战阵后，以其子阿岷塔斯二世的监护人身份掌政(359—336)，大力整顿国家，以强大的军队东征色雷斯沿海希腊人的殖民城市；继又加入底比斯的近邻同盟，参加神圣战争(355—346)，逐步伸进希腊的帖撒利，积极准备南下。

* 腓力的坟墓，已于1976年由考古学家马诺里斯·安德鲁尼古斯在希腊北部弗吉纳村(Vergina，原埃盖旧址)发现，见美国《生活》(Life)杂志，1980年七月号第45—50页“亚历山大的遗物”一文，参看天津外语学院《文化译丛》1981年第一期吴燕泉译文；另见《科普文摘》1980年第二号。

●公元前357年·七十岁●

▲眼看西西里强国叙拉古崛起，经济发展，西西里和南意大利希腊城邦形成农业、商业中心，舰队大败埃特鲁里里(意大利中部梯伯河西地区)，陆上肃清迦太基势力，叙拉古、阿格立真坦、瑟里嫩特各地大兴土木，宫廷吸引希腊各国许多文化艺术思想界人物(品达、西蒙尼达、埃斯库罗斯)前来，西西里本身也产生了恩培多克勒，蒂西亚斯、高尔吉亚、吕西亚斯，于是柏拉图对狄奥尼索父子、狄翁存幻想。经过三度访问，幻想破灭后，从此对于学园工作全力以赴。

这个年代(361—347)构成他撰述内容和体裁上晚期的特点，一般认为下列这些篇明显属于这个著述晚期：《智术之师篇》《政治家篇》《斐利布篇》《蒂迈欧篇》

《智术之师篇》(ΣΟΦΙΣΤΗΣ / SOPHISTA，第一卷216—268页，计52页)；*《斐利布篇》(ΦΙΛΗΒΟΣ / PHILEBUS，第二卷11—67页，计56页)。**

* 又译：沙夫司脱，见《万国历史》(233页)，第46页，上海作新社，光绪28/29(1902/03)年；西安中共陕西省委党校图书馆藏。

** 德译者鲁费纳(Rudolf Rufener)编为《晚期对话集》(Spätdialoge)者是一⑦⑧，二⑩，一⑫〔第五卷〕，二①，三③①②〔第六卷〕，瑞士，1974年，哲学所图书馆藏。

南京图书馆藏 Il Sophista E Il Politilco，意大利都灵，1931 年。

●公元前 356 年 · 七一岁●

△相传，艾斯纳斯健在。他唯一的学生是阿里斯多得勒（᾿Αριστοτέλης ὁ Μῦθος）。

⊙狄翁率军登陆叙拉古，小狄奥尼索流亡到他母亲的故乡，南意大利罗克里（Λοκρίς / Locris）。

⊙小亚细亚波斯帝国（阿契美尼德王朝）西部，希腊人殖民地带爱奥尼亚地方爱菲斯城（卡伊斯德河口）著名的月神阿耳忒尔斯（῎Αρτεμις / Artemis）庙遭当地名欲狂者希罗斯特拉特（῾Ηρόστρατος / Herostratus）焚烧（未全毁），法庭处以死刑，并隐其姓氏以挫其初衷，后由历史家费奥波姆普记此事。*

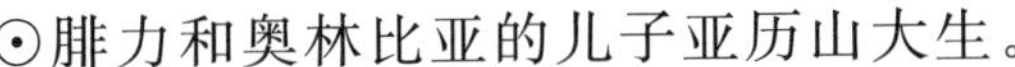

⊙腓力和奥林比亚的儿子亚历山大生。

* 又译：以弗索斯，见潘裕明编著《列宁著作中的成语典故》第 86 页，三联书店，1962 年；爱菲索（Ephesos），见《西方哲学原著选读》上卷 20；以弗所（Эфес），见《世界通史》。

该庙后虽重修，仍于公元 262 年毁于哥特人手下。

●公元前 355 年 · 七二岁●

△亚里士多德对于哲学发生兴趣据说较迟。在学园里，虽然很快就成为助手，但限于在修辞学方面做些工作，三十岁前后始集中到哲学方面，而在同学中成为佼佼者。

在柏拉图的影响之下，他最初写些对话，大多失传。《论修辞学》开始具有自己的特色。

⊙底比斯、罗克里亚等邦为德尔斐神庙(位于福西斯境内)财富被占而与福西斯发生神圣战争(355—346)。

●公元前354年·七三岁●

△色诺芬去世。他留下记载401—400年希腊万人军从萨狄斯,途经两河流域、小亚细亚,返抵黑海沿岸特拉皮历程的《远征记》等军事、经济著作。

△柏拉图友人提摩太(Τιμόθεος / Timotheus)死。

⊙狄翁夺到叙拉古政权后一度被逐,逃往意大利,后又得到拥戴得以重返,但不久就死于柏拉图主义者卡里普斯(Κάλλιππος / Callippus)手下。

●公元前352年·七五岁●

⊙腓力介入神圣战争,大败福西斯,受到雅典、斯巴达等反对,只得退兵。

⊙柏拉图的学生赫米阿斯(Ἑρμείας / Hermias)继欧布卢(Εὔβουλος / Eubulus)为小亚细亚西北阿泰尔纳(Atarneus)和阿索斯(Ἄσσος / Assus)的僭主,手下有一批同学。*

* 参看斯特拉波(Στράβων / Strabo)《地理学》(ΣΤΡΡΒΩΝΟΣ ΓΕΩΡΑΦΙΚΩΝ)第十三卷 1.57. 琼斯(H. L. Jones)英译本,第六册第115页。

●公元前350年·七七岁●

△伊索格拉底的学生色费索多罗(Κηφισοδώρος / Cephisodorus)著《反对亚多士多德》,表面上批判亚里士多德,实际上是对柏

拉图而发。

△亚里士多德开始写逻辑学著作，后人把他这方面的著作汇编为《工具编》(Organon)* 。

△阿里斯底波死。

△雕刻家吕西波斯(Lysippus)制作苏格拉底像，今存罗马帝国时期摹制品(已残损，缺鼻头)于意大利那不勒斯博物馆。**

* 又译：思考法，见《科学技术百科全书·数学》(大三二开，376 页)第 170 页，科学出版社，1980 年。

** 见《英国百科全书·详编》16：1001。

●公元前 349 年·七八岁●

⊙腓力挥戈南下，向奥林托斯推进，逼近希腊的大门。雅典城邦内部斗争明显转为亲马其顿的寡头集团(以埃斯客涅斯、伊索格拉底为首)对反马其顿的民主集团(以德摩斯提尼为首)的斗争。

●公元前 348 年·七九岁●

▲通常认为，晚年最后的著作是《法律篇》(NOMOI / LEGES，第二卷 624—969 页，计 344 页)*，其后的《伊壁诺米篇》(ΕΠΙΝΟΜΙΣ / EPINOMIS，第二卷 973—992 页，计 19 页)** 是续篇，刚开篇就弃世。

△夏季：亚里士多德考虑到自己和马其顿腓力的关系，恐有不测，离开雅典。不久，前往小亚细亚的阿索斯("Aσσοs/Assus)找赫米阿斯。

* 德译者阿佩尔特(O. Apelt)的 Gesetze / Leges，后附德希对照总索引

158 页，列于《全集》第七卷，上海图书馆藏。这个《全集》，该馆另有第二、第四、第五、第六卷，总共五卷，缺第一、第三两卷。

希腊原文的英文注释者刘易斯（T. Lewis）注释本篇第十卷为《柏拉图反对无神论者》（Plato contra Atheos / Plato Against the Atheists，373 页，纽约，1859 年，北京大学图书馆藏）。

** 诺沃尼（F. Novotny）编注，希腊文拉丁文对照本（Platonis Epinomis，246 页）布拉格，1960 年，中国科学院图书馆藏。

●公元前 347 年·八十岁●

▲春季（三月？）：逝世于寓所，弟子们参加葬礼。

遗嘱对于用作校舍的房产，不许出售、转让。留下四个家奴。财物有银米那三个，一只银瓶（165 德拉玛）一只杯（45 德拉玛）等。

▲现传柏拉图著作 43 种（以斯特方版计）应介绍者尚有下列四种：《希巴库斯》（ΙΠΠΑΡΧΟΣ / HIPPARCHUS，第二卷 225—232 页，计 7 页）《米诺斯》（ΜΙΝΩΣ / MINOS，第二卷 313—321 页，计 8 页）《论正义》（ΠΕΡΙ ΔΙΚΑΙΟΥ / DE JUSTO，第三卷 372—375 页，计 3 页）《德莫托库斯》（ΔΗΜΟΔΟΚΟΣ / DEMODOCUS，第三卷 380—386 页，计 8 页）。

关于著作：

·希腊文本·

△阿历山大城图书馆长、语法学家阿里斯托芬（'Αριστοφάνης ὁ γραματικός / Aristophanes of the grammarian，257—180）对十五篇对话采取三分法，三种一组，予以编定。

△德拉西卢（Θρασῦλος / Thrasylus，一世纪人）把柏拉图的文

稿都标上双名，柏拉图本已标上正题，大多以人物为主，德拉西卢添上副题，则按内容标明，并每四种编为一组：

第一组：一①②③④；　　第二组：一⑫⑦⑧，二⑩；

第三组：三③，二①，三④⑤；　第四组：二③④⑧，一⑥；

第五组：一⑤，二⑤⑥⑦；　　第六组：一⑨⑩⑬，二②；

第七组：三⑥，一⑪⑭，二⑨；　第八组：三⑭，二⑫，三①②；

第九组：二⑪⑬⑭，三⑦。

△十六世纪初，意大利出版家阿尔杜（Aldiua）出版按德拉西卢编序排印的对话集于威尼斯，1513 年。

△十六世纪，法国出版家、古典学者埃蒂安纳（Henri Estienne，拉丁名 Stephanus，1531—1598）出版三卷本（Πλάτωνος ἅπαντα τὰ σωζόμενα/Platonis opera quae extant omnia，日内瓦，1578 年）：

第一卷：* ①**游叙弗伦**（399 年），②**苏格拉底的申辩**（399 年），③**克力同**（403 年），④**斐多**（401 年），⑤塞亚各[3]（403 年），⑥恩特拉斯（崇拜者）（425 年），⑦**泰阿泰德**（414 年），⑧**智术之师**（357 年，）⑨**尤息底莫斯**（387 年），⑩**普罗泰戈拉**（411 年），⑪小希皮亚斯（420 年），⑫**克拉底鲁斯**（408 年），⑬**高尔吉亚（376 年）**，⑭**伊安**（422 年）；

第二卷：①**斐利布**[1]（357 年），②**美诺**（402 年），③阿基比阿德士[3]（405 年），④阿基比阿德下[3]（405 年），⑤**查密迪斯**（407 年），⑥**雷歧兹**（418 年），⑦**李思**（400 年），⑧希巴库斯[3]（347 年），⑨美尼仁诺[4]（399 年），⑩**政治家**（360 年），⑪米诺斯[3]（347 年），⑫**国家**[2]

(421 年),⑬**法律**(348 年),⑭**伊璧诺米**[3](348 年);

第三卷:①**蒂迈欧**[4](415 年),②**克力锡亚斯**(407 年),③**巴门尼德**(408 年),④**会饮**(401 年),⑤**斐德若**(400 年),⑥大希皮亚斯(420 年),⑦书信十三封(365 年),⑧阿克西奥库斯(405 年),⑨论正义(347 年),⑩论德行(402 年),⑪德莫托库斯(347 年),⑫西许弗斯(360 年),⑬厄里克西阿斯(403 年),⑭克立托封[4](404 年),⑮定义集(407 年)。**

* 对于柏拉图著作之真伪,学者的考证至今并不完全一致,但一般认为为至少二十五种之数,本栏标黑体。篇名后括弧内年代,指各篇情况在本年表该年栏内有交代。篇名右上角数码指已有译稿:1 指为译者严群译,2 指郭斌龢,3 张师竹,4 戴子钦。

** 第三卷⑧至⑫五种,原编者归于"可疑对话"(ΔΙΑΛΟΓΟΙ ΟΙ ΝΟΘΕΥΟΜΕΝΟΙ / DIALOGI SUBDTITVI)标题之下。

△十九世纪初,贝克(Bekker)出版于苏黎士,1816—23 年,八卷:普里斯特利(Priestly)再版贝克本于伦敦,1826 年,十一卷,后二卷为费西诺拉丁译文。阿斯特(Ast)订正贝克本,出版九卷本,1819—27 年。

△十九世纪下半叶,山茨(M. Schanz)出版两卷本(Platonis Opera quae feruntur omnia,来比锡,1875—87),第一卷收德拉西卢编序第一至第六组诸篇,据克拉抄本(Codex Clarkianus)*,收第七组诸篇,据威尼斯抄本(Codex Venetus)** 第二卷收第八和第九组诸篇,据巴黎抄本。***

* 旅行家克拉克(E. D. Clarke)1801 年十月在巴特谟斯(Patmos)岛上

隐修院发现某个约翰(Joannes)于 895 年誊抄的本子,今存牛津博德利图书馆[Bodleian Library]。事见其所著《列国游记》(Travels in Various Countries of Europe,Asia and Africa)第二卷。

** 威尼斯圣·马可图书馆存十二世纪抄本。

*** 巴黎国家图书馆存十世纪抄本。

△十九、二十世纪之交,伯尔纳(J. Burnet)出版五卷本(Platonis opera,1899—1906)牛津,1960—62 年,上海图书馆藏。

·希腊文拉丁文对照本·

△斯特方(Stephanus)版《柏拉图全集》,1578 年,附德·色雷(De Serre)的拉丁译文;1781 年,附费西诺(Ficino)完成于 1496 年的拉丁译文。

△伊尔斯奇(R. B. Hirshig)编,两卷(1∶757,2∶602)巴黎,1855 年,北京大学图书馆藏,严群藏(1915 年)。本书照斯特方版收录,编排顺序相同,唯二⑪和三⑦之间为三③④⑤⑥,二⑫,三①②,二⑬⑭。

△沃尔拉布(M. Wohlrab)编,两卷(1∶555,2∶382),来比锡,1890 年,北京图书馆藏。本书顺序照德拉西卢所编排。

△科奇索格罗(Kouchtsoglou)编注,四卷(收于῞Απαντα Πλάτωνος〔十八卷,前十四卷为现代希腊文译本〕雅典,1956 年)。

·现代语文译本·

△周厄提(B. Jowett)译,The Dialogues of Plato,五卷,伦敦,1953 年,北京图书馆藏。

△卡里(H. Cary)等译,The Works of Plato,六卷,收于补翁丛书(Bohn's Library)伦敦,1911年,北京图书馆藏。

△福勒(H. N. Fowler)等译,十二卷,娄卜丛书(Loeb Library)希英对照,伦敦,1914/77年,商务印书馆资料室藏。

△达西埃、格鲁(Dacier et Grou)合译,Oeuvres complètes De Platon,十卷,巴黎,1885年,上海图书馆藏。第一、第二卷为苏格拉底对话(Dialoques Socratiques)收一①②③,二③⑤⑥/一⑩⑪,二⑨,一⑭,二⑦,三⑤;三四为论战性对话(Dialoques Polémiques)收一⑦[Théététe] ⑫⑨/一⑧,三③,二②①;五六为独断性对话(Dialogues Dogmatiques)收一④⑬,三④/二⑩,三①②;七为二⑫,八九为二⑬;十为伪作。第六卷,南京图书馆藏。

△克鲁瓦塞(M. Croiset)等译,Platon,Œuvres complètes,法希对照,十四卷二七册,巴黎,1920—64年,哲学所图书馆藏(十三卷二五册,1953年;第十三卷为书信、疑作、伪作三类。第十四卷两册为索引),严群藏(1935年)。

△罗斑(L. Robin)编,Œuvres complètes de Platon,两卷,巴黎,1950年。

△阿佩尔特译,Platons sämtliche dialoge,七卷,来比锡,1916年,上海图书馆徐家汇藏书楼藏。

△霍夫曼(Ernst Hoffmann)编,鲁费纳(Rudolf Rufener)译《柏拉图集,诞生两千四百周年纪念版》(Platon Jublaümsausgabe sämtlicher werke)八卷,第八卷为字典(Begriffslexikon,收298个词,第41—299页)瑞士,1974年,哲学所图书馆藏。

△田中美知太郎、藤沢令夫主编,プラトン全集,十六卷(末卷

为索引,包括日文希腊文对照等项)岩波书店,1977 年,北京图书馆藏。

△阿斯穆斯主编:《柏拉图集》三卷,莫斯科。

△西班牙文译本 Platón, Dialogos,三卷,第一卷收一②①③④,三④⑤;第二卷收一⑩⑬,二⑤,一⑭,二⑦;第三卷收一⑦⑫,二⑫,一⑬;1921—22,墨西哥国立大学,上海图书馆藏。

△意大利巴里、佛罗伦斯(Firenze,裴冷翠)出版《对话集》(Dialoghi),南京图书馆藏(二,1931;四,1943;五,1927;二十二,1943,只藏这四卷)。

图书在版编目(CIP)数据

游叙弗伦　苏格拉底的申辩　克力同/(古希腊)柏拉图著;严群译.—北京:商务印书馆,2017
(汉译世界学术名著丛书:120年纪念版:珍藏本)
ISBN 978-7-100-14902-0

Ⅰ.①游…　Ⅱ.①柏…②严…　Ⅲ.①古希腊罗马哲学　Ⅳ.①B502.232

中国版本图书馆CIP数据核字(2017)第159051号

汉译世界学术名著丛书
(120年纪念版·珍藏本)

游叙弗伦
苏格拉底的申辩
克力同

〔古希腊〕柏拉图　著
严群　译

商务印书馆出版
(北京王府井大街36号　邮政编码100710)
商务印书馆发行
北京市松源印刷有限公司印刷
ISBN 978-7-100-14902-0

2017年12月第1版　　开本710×1000　1/16
2017年12月北京第1次印刷　　印张11

定价:55.00元